Monika Czernin

Duino, Rilke und die Duineser Elegien

Deutscher Taschenbuch Verlag

Für
Raymond della Torre e Tasso (1907–1986),
das einzige Kind, das Rilke zu verstehen vorgab,
und
Willy von Thurn und Taxis (1919–2004),
»den lustigsten kleinen Kerl, den ich je erlebt habe«
(Marie von Thurn und Taxis-Hohenlohe)

Originalausgabe
Juli 2004
© Deutscher Taschenbuch Verlag GmbH & Co. KG, München
www.dtv.de
Umschlagkonzept: Balk & Brumshagen
Umschlagfoto: © Wolfgang Balk
Satz und Gestaltung: Walter Lachenmann
Gesetzt aus der 11,5/15 p Tiepolo Book
Druck und Bindung: Appl, Wemding
Gedruckt auf säurefreiem, chlorfrei gebleichtem Papier
Printed in Germany · ISBN 3-423-34108-4

<u>dtv</u>

»Ich bin bei meinen Freunden in diesem immens ans Meer hingetürmten Schloß, das wie ein Vorgebirg menschlichen Daseins mit
manchen seiner Fenster, darunter mit meinem, in den offensten Meerraum hinaussieht.« Hier über dem Golf von Triest überwand der Dichter Rainer Maria Rilke im Winter 1912 seine schöpferische Krise und
schuf einen der schönsten Gedichtzyklen der Weltliteratur. Es war
ihm, als ob durch das Brausen des Windes und das Rauschen des
Meeres eine Stimme zu ihm rief. »Wer, wenn ich schriee …« – so beginnt der Zyklus. In kürzester Zeit hatte er die erste, zweite, Anfänge
der dritten, sechsten, neunten und zehnten Duineser Elegie niedergeschrieben. Monika Czernin spürt in diesem Bildband deren Ent-
stehungsgeschichte nach, sie berichtet über die Geschichte des
Schlosses und seiner Bewohner und zeichnet ein Bild der Freundschaft
zwischen Rilke und seiner großen Gönnerin Marie von Thurn und
Taxis.

Monika Gräfin Czernin, geboren 1965 in Klagenfurt, studierte Pädagogik, Philosophie und Politikwissenschaften in Wien. Sie entstammt
einer alten böhmischen Adelsfamilie und ist mit den Thurn und Taxis
aus Duino verwandt. Mehrere Buchveröffentlichungen, zuletzt: Ge-
brauchsanweisung für Wien, München 2003.

Inhalt

Editorial

Duino ist unser Familiensitz. Ich kann mich noch gut erinnern, wie mir mein Vater als Kind Geschichten über seine Großmutter Marie von Thurn und Taxis (meine Urgroßmutter) erzählt hat. Er hat sie sehr gut gekannt, denn sie starb erst 1934. Als er noch ein kleiner Junge war, hat sie ihm vor dem Schlafengehen Geschichten vorgelesen, aus Büchern, die sie selbst geschrieben und illustriert hat. Da gab es zum Beispiel ›The Tea Party of Miss Moon‹, eine wunderbare Geschichte, die sie ihren Enkeln Raymond und Louis gewidmet hat. Mein Vater Raymond hat sie mir viele Jahre später ebenfalls vorgelesen.

Er hat mir auch immer von Rainer Maria Rilke erzählt. Der Dichter mochte Kinder nicht, aber komischerweise ist er mit meinem Vater sehr gut ausgekommen. Das kann man in der Korrespondenz zwischen Rilke und meiner Urgroßmutter nachlesen.

Maries Mutter Teresa Hohenlohe hatte stets viele Schriftsteller und Musiker zu Gast in ihrem Salon in Duino. Als sie starb, übernahm Marie diese Aufgabe; sie lud Hugo von Hofmannsthal, Rudolf Kassner, Gabriele d'Annunzio, Rainer Maria Rilke und viele andere ins Schloss ein. Und sie schrieb selbst auf Englisch, Französisch und Deutsch Romane und Theaterstücke.

Heute leben meine Frau und ich mit unseren drei Kindern in Duino. Wir haben Duino und seinen Park öffentlich zugänglich gemacht, und es ist unser Wunsch, die Liebe zu unserem alten Haus voller Geschichte und Erinnerung an all unsere Gäste weitergeben zu können. Möge auch dieses Buch dazu beitragen.

Il Principe Charles della Torre e Tasso
Duca di Castel Duino

*Um 1910: Im Vordergrund links Raymond della Torre e Tasso (1907-1986), der Vater von
Charles, dem heutigen Besitzer von Duino. Daneben Raymonds Bruder Louis auf dem Schoß
seiner Großmutter Elisabeth Prinzessin de Ligne, geborene Gräfin de La Rochefoucauld.
Stehend die Mutter der Kinder, Marie Prinzessin de Ligne.*

Im Modellbaukasten ferner Lebensentwürfe

Das äußere Burgtor war wie eine große Falltür. Eine Falltür in eine andere Zeit, ein anderes – ein gänzlich märchenhaftes – Leben, das Kaninchenloch, durch das Alice ins Wunderland gepurzelt war. Nichts sonst sahen wir, wenn wir am Dorfplatz von Duino ankamen, als dieses mächtige Holztor in der dicken Steinfassade voll Efeu und wildem Wein, die Park und Schloss vom Dorf, ja von der ganzen übrigen Welt abtrennte. Und kaum hatte sich das Tor hinter uns geschlossen, tauschten wir für einige kostbare Tage unser Leben, unsere Kleider, unsere Gedanken gegen geliehene Biographien aus. Duino verzauberte stets.

links und rechts: Auffahrt zum Schloss und Eingangstor

Alles hier war anders. Autos schienen innerhalb des Schlossareals zu verstummen. Lautlos glitten sie vom Tor bis in den Schlosshof hinauf. Sogar das Nicken der Pförtnerin schien uns vornehmer als anderswo. Ein livrierter Diener wartete im Schlosshof, um uns in die Gästezimmer zu geleiten. Welches würden wir dieses Mal bekommen? Das Biedermeierzimmer, das mit dem goldbestickten Baldachin über dem Bett, oder das Zimmer mit dem Spitzenschuh

9

einer längst verstorbenen Ballerina in der Vitrine? Wer mag sie wohl gewesen sein? So zart, so klein waren ihre Füße, dass die charakteristisch vorne abgeflachten Spitzenschuhe wie für ein Kind gemacht schienen. Vielleicht war sie samt diesen matt glänzenden Schuhen aus schwarzer Seide unter die frisch gestärkte Damastdecke geschlüpft? Mit der auf dem kleinen Biedermeiersekretär zurechtgelegten Schreibfeder hat sie wohl geschrieben. Ob die Tintenspuren in der alten ledernen Briefpapiermappe von ihr stammen? An wen hat sie gedacht? Was hat sie erzählt? Dass sie sich hier, in diesem *immens ans Meer hingetürmten Schloß*, eine Weile fern der Welt des Tanzes und der Bühne auszuruhen gedenkt?

Es war Rainer Maria Rilke (1875–1926), der Duino *dieses immens ans Meer hingetürmte Schloß* genannt hat, jener Dichter, der sich zum künstlerischen Ziel gesetzt hat, »Vorstellungen an der Grenze des Sagbaren in Sprache zu verwandeln« (Stefan Schank). Wer sonst hätte ein so akkurates wie knappes Bild für das Vorgefundene entwerfen können. Im Schlossarchiv wurde lange Zeit ein von Rilke eigens für die damalige Besitzerin von Duino, Fürstin Marie von Thurn und Taxis-Hohenlohe (1855–1934), abgeschriebenes Originalexemplar der ›Duineser Elegien‹ aufbewahrt, denn ausgerechnet hier an diesem magischen Ort hat der 1875 in Prag geborene Dichter nach einer langen und leidvollen Schaffenskrise zur Quintessenz seines Denkens und Schreibens gefunden. *Das Ganze ist Ihr's Fürstin, wie sollts nicht! Wird heißen: ›Die Duineser Elegien‹. Im Buch wird (: denn ich kann Ihnen nicht geben, was Ihnen, seit Anfang, gehört hat) keine Widmung stehn, mein ich, sondern: »Aus dem Besitz .....«.* Erleichtert und überglücklich wird Rilke am 11. Februar 1922 aus dem Château de Muzot in der Schweiz diese Worte an »seine Fürstin« richten, zehn Jahre, nachdem er in ihrem Duino sein Hauptwerk niederzuschreiben begonnen hatte. Rilke hat Duino zu seinen »Elegienlandschaften« gezählt: das in den Himmel übergehende Meer, der karstige Fels, aus dem eine Burg herauswächst, die überreich mit Spuren ältester Kultur angefüllte Natur.

Rilke, die Ballerina – angeblich war sie eine Tochter Marie-Antoinettes, die einzige, die die Französische Revolution überlebt hatte … Wenn man fünfzehn ist, braucht es nicht viel, um sich alsbald in dieser, dann in jener Rolle wiederzufinden, sich an den kleinen Schreibtisch zu setzen, einen Bogen des perlmuttfarbenen Briefpapiers aus der Ledermappe zu nehmen und unter dem in Gold gedruckten Familienwappen samt geschlossener Fürstenkrone und dem in eleganter Schreibschrift glitzernden Namen des Hausherrn Il Principe della Torre e Tasso, Duca di Castel

Nach Kaiser Leopold I., der bei einem Besuch im Jahre 1660 die Eigentümerschaft der della Torre an Duino bestätigte, benannter Salon

11

Blick aus dem Speisesaal auf den Balkon hoch über dem Golf von Triest

Duino gekonnt altmodisch einen Brief zu beginnen. »Liebe Soundso, du wirst mein Glück kaum ermessen können, aber wenn ich dir sage, wo ich bin, wirst du selbst zu der Ansicht gelangen, dass ich unversehens in ein Wunder geraten bin …«

Kleine Meißner Porzellanfiguren stehen auf der Rokoko-Kommode, dazu ein in Silber gefasster Handspiegel und eine ebenso verzierte Haarbürste – alles symmetrisch angeordnet. Auch eine mit Rosen verzierte Halterung für Tintenfässer und Schreibfedern aus Altwiener Porzellan und für das 19. Jahrhundert typische Aquarellporträts, hauchzart gemalte Damen mit Wespentaille und alabasterfarbenen Schultern, fehlen nicht. Ein staubgesättigter Lichtstrahl fällt durch die Zwischenräume der Jalousien ins Innere des Zimmers. Alles riecht nach alten Möbeln, frischer Wäsche und nach den von der Sonne aufgeheizten Schlossmauern. Nur ein Handgriff und das Quietschen der sich öffnenden Fensterläden – und schon liegt das Meer tief und glitzernd unter mir, am Fuße des fast hundert Meter aufragenden Felsens von Duino. Dazwischen ein dichter grüner Saum, die Baumwipfel des Schlossparks, aus dem das Gezwitscher der Vögel und das Zirpen der Zikaden an mein Ohr dringt, und ganz hinten am Horizont im Sommerdunst die Küstenlinie von Aquileia und Grado.

Die Tage in Duino haben ihren eigenen Rhythmus. Bald sind wir verwöhnte Prinzessinnen, die Rosenöl auf ihre helle Haut streichen, bald Feen, die durch den Park gleiten, und Nixen, die nach dem verlorenen Ring der *dama bianca* tauchen. Die arme Edelfrau war von ihrem Ehemann aus Zorn und Eifersucht über den senkrechten Felsen ins Meer gestoßen worden, als er sie in den Armen eines anderen antraf. Doch die Götter, so geht die Sage, fingen die Unglückliche auf und verwandelten sie in den weißen Stein des Karstes, sodass ihre Umrisse auf dem Felsen unter der alten Schlossruine bis heute an ihr missglücktes Liebesabenteuer erinnern. Es war allerdings nicht so sehr das Drama um Liebe, Eifersucht und Tod, das uns beschäftigte. Am meisten regte der Ring unsere Phantasie an. Die Edelfrau hatte doch sicher einen Ring verloren oder ein Diadem. Irgendetwas haben die Götter bestimmt in Stein zu verwandeln vergessen und uns überlassen, uns legitimen Erbinnen der »Weißen Dame«. Und so konnten wir ganze Nachmittage am Fuße des Felsens im Wasser verbringen, gierig durch unsere Taucherbrillen ins türkisfarbene Meer blicken und bei jedem

Blick auf die Ruine der alten Burg und den Felsen mit der dama bianca

Blinken, verursacht durch Sonne und Wellen, verzückt den Arm der Schwester ergreifen und als Ausdruck vertrauter Komplizenschaft und siegesgewisser Freude hineinkneifen. Und wenn es denn schon nicht der Ring der *dama bianca* war, den zu finden wir für möglich erachteten, dann hat bestimmt irgendein anderer in dieser Bucht oder oberhalb der Klippen einen Schatz versteckt, in der unheimlichen Fledermaushöhle, in der Marie von Thurn und Taxis, die Großmutter unseres Gastgebers, stets ihre Schoßhunde begrub.

Eine Qualle grast am Meeresgrund und die Möwen tratschen wie eine Schar zerstrittener Marktweiber. War Dante Alighieri, der große italienische Dichter, als er, aus Florenz vertrieben, bereits im Exil lebte und Pagano della Torre, den Patriarchen von Aquileia, aufsuchte, wirklich auf diesem zerklüfteten, vom Meer umspülten Felsen gesessen,

der wie der Rücken eines Stachelschweins in den Himmel ragt? Er wird sich die Fußsohlen zerschnitten und die Arme von den Macchien blutzerkratzt haben. Aber vielleicht sah die Halbinsel zu seiner Zeit noch anders aus, vielleicht hatte das Meer sie noch nicht so gierig angefressen, die weichen Teile des Gesteins aus dem Felsblock herausgefräst und nur spitze Kanten übrig gelassen. Vielleicht aber hatte Dante auch festere Schuhe und bessere Kleider als wir in unseren Badeschlappen und Bikinis.

Blick in den Schlosspark, der in mehreren Terrassen zum Meer abfällt

Die Tage in Duino gehen theatralisch zur Neige. Ganz allmählich wechseln die Farben von Dur zu Moll, taucht das Abendlicht die Szenerie in die Pastelltöne Canalettos und anschließend in das verschwimmende Licht Turners. Vergoldet wirkende Steinbänke, die sich entlang der Kieswege im Zickzack vom Meer hinauf bis zum Schlossteich winden. Statuen, von Kletterrosen überwuchert, Aussichtsplätze und versteckte Sitzecken als Konzertplätze für den Abendgesang der Vögel und Zikaden, das Auf und Ab der Terrassen und die allmählich stärker werdende Dunkelheit unter den Steineichenbaldachinen. Es gilt, noch einmal durch das Zypressenlabyrinth zu laufen, die in das Schattengras eingestreuten Blumenrabatten, die Spaliere aus Kletterrosen, die üppigen Kameliensträucher und überbordenden Hortensienbeete für

Marie Prinzessin Hohenlohe-Waldenburg-Schillingsfürst, als 22-Jährige

heute zu verabschieden und noch einmal die Seerosen im vom Himmelsrot verfärbten Wasser des Teiches zu betrachten, bevor sie sich schließen. *Um allein zu sein, lief ich voraus oder blieb zurück – und mein zweites, mein Traum-Dasein, das mir das Leben verdoppelte, war untrennbar mit dem Pflanzendickicht verknüpft und schöpfte in dem aromatischen Duft der von der Sommerglut versengten Gräser immer wieder Atem.* Nicht viel anders als der jugendlichen Marie Hohenlohe, der späteren Fürstin von Thurn und Taxis, die ihre Kindheit in Duino verbrachte, erging es uns, muss es jedem jungen Mädchen an diesem Ort ergehen. Um seine Magie nicht zu stören, muss man die Wege sehr leise und aufrecht abschreiten, ab und zu eine Blume pflücken und die Einladungen der zahllosen Verweilplätze annehmen. Still werden, bis sich Ruhe und Ernst ins Herz senken und Rilkes *ewiges Dauern* zu spüren ist.

Wenn wir schon in diesem Märchen verweilen durften, sollten wir uns möglichst damenhaft benehmen, wurde uns befohlen – was uns nicht weiter schwer fiel. Wir dachten uns in eng taillierten Kleidern mit tiefem Dekolleté und weiter Krinoline, imaginierten kleine spitzenbesetzte Sonnenschirme dazu und erprobten unsere »guten« Manieren. Zuerst hatten wir zum Karotten-Limonen-Aperitif in der so genannten *grotta* zu erscheinen, einem zur Gänze mit gelben Quarzkristallen aus dem friulanischen Karst ausgekleideten Gewölberaum im Parterre des Schlosses, voller merkwürdiger Preziosen, versteinerter Riesenschnecken und fein facettierter Rosetten aus Sandstein, am Ende ein beleuchtetes Wasserbecken mit Goldfischen und sprechenden Papageien auf zwei Stangen, gelb-blaue Schönheiten, die vom Hausherrn, ohne dass er die Konversation unterbrach, mit Sonnenblumenkernen gefüttert wurden. Anschließend übersiedelte man für das Abendessen, das stets mit vollendeter

Eleganz serviert wurde, ins große Speisezimmer. Es erschien uns unzulässig gierig, zwei Mal vom marinierten Kalbsfilet und dem in Butter gegarten Kartoffelgratin zu nehmen. Wir schwiegen und lauschten dem Gespräch der Erwachsenen, und nur manchmal wagten wir, freilich nicht ohne höflich um das Wort zu bitten, eine schüchterne Frage an den *principe*, den Hausherrn, unseren Onkel, zu richten. Nichts konnte man achtlos geschehen lassen. Weder das Anheben der alten, in verschiedenen Farben geschliffenen böhmischen Kristallgläser, in deren Facetten sich weißer und roter Wein spiegelte, noch das Hantieren mit dem wappengeschmückten schweren Silberbesteck. Für jeden Tag der Woche gab es ein eigenes Porzellanservice samt dazu passendem Tischschmuck. Die übergroße, gestärkte Stoffserviette

Die Galerie, 1876

Das Schloss spiegelt sich im Lotosblumenbassin

hatte man anmutig über den wein- oder saucenbenetzten Mund zu führen und während des ganzen, langen Diners stets derart kerzengerade zu sitzen, dass man einen Stock entlang des Rückgrats hinten unter die Bluse hätte stecken können.

Der »Plötzliche« war erschienen und führte nun das große Wort in der Runde. Er war mit seiner kleinen zerfledderten Reisetasche, die sein Zahnputzzeug und seine Arbeitskleidung beherbergte, schon kurz nach dem Mittagessen im Schlosshof gestanden. Plötzlich, denn, bescheiden wie er war, hatte er sich nicht telefonisch angemeldet, um den Chauffeur nicht unnötig mit einer Fahrt zum Bahnhof nach Triest belästigen zu müssen. Stattdessen hatte er den Bus nach Duino genommen und das letzte Stück zum Schloss zu Fuß zurückgelegt. Für ein Taxi fehlte ihm das Geld und vermutlich auch die in seinen Augen verschwenderische Weltanschauung. Er hatte sein Zimmer bezogen, seinen einzigen Anzug gegen eine zerschlissene Hose von der Farbe alter Mauern und ein ebenso patiniertes Hemd eingetauscht und war für den Rest des Tages in irgendein Ofenloch verschwunden, in dem er Überreste alter Kulturen zu finden hoffte, die seinem Aufenthalt im Schloss zusätzliche Legitimation verleihen würden. Nach dem

Tagwerk war er wieder in seine einzige feine Hose geschlüpft und zum Abendessen erschienen, wo er nun die Konversation dominierte, was bei seiner historischen Bildung und seinen reichen Erfahrungen mit der Unbill dieses Jahrhunderts nicht weiter erstaunlich war. Der »Plötzliche«, genauer gesagt Prinz Friedrich-Ernst von Sachsen-Altenburg, achtzigjährig, Historiker und Archäologe, hatte nach dem Zweiten Weltkrieg sein Schloss und seine Besitzungen an die Kommunisten verloren und lebte fortan ohne festen Wohnsitz, indem er seine über ganz Europa verstreuten Lieblingsverwandten besuchte. Bei seinem Cousin, Raymond della Torre e Tasso, war er ein gern gesehener Gast, auch wenn den Hausherrn bei seiner Anwesenheit manchmal nicht von der Hand zu weisende Ängste plagten, dass sein nimmermüder Maulwurf-Vetter eines nicht mehr fernen Tages Teile der alten Mauern von Duino zum Einstürzen bringen würde, grübe er weiterhin mit solcher Inbrunst in den römischen Fundamenten des Schlosses herum. Zum Einstürzen brachte der »Plötzliche« regelmäßig jedenfalls die Einheit von historischer Zeit, Raum und den zur jewei-

Der Dante-Felsen in der Bucht von Duino

ligen Epoche gehörenden Gesichtern und Schicksalen. Das passte zu Duino, zu Rilke, zur Verzauberung durch diesen mit Geschichte voll gesogenen Ort.

*S*o *viel und so gern ich sonst in vielen anderen Ländern gelebt habe, eigentliche Verbundenheit empfinde ich nur zu der russischen Erde und ihren mir brüderlichen Geschöpfen,* schrieb Rilke Mitte März 1920 an eine seiner zahllosen Brieffreundinnen über sein Verhältnis zu Russland, das er vor dem Großen Krieg zwei Mal besucht hatte. Und als hätte der Dichter die Konversation gelenkt – die Abendgesellschaft war mittlerweile auf eine stets von Rilke benutzte Terrasse übergesiedelt –, kam auch der »Plötzliche«, natürlich durch seinen eigenen Lebenshorizont bestimmt, auf Russland, diese Projektionsfläche deutscher Träume und Alpträume, zu sprechen.

Ob wir in Paris nie das Glück gehabt hätten, Anastasia zu treffen? Wen? »Anastasia Romanow, die Zarentochter.« Wir? Die Rilke-Terrasse war ein mit wildem Wein und Efeu überlaubter Sitzplatz auf ei-

22

nem zu kurz geratenen, dicken, an die Schlossfassade angebauten Turm mit Blick auf das Meer und die Lichter der Fischerboote, die soeben zum Thunfischfang in die Nacht aufgebrochen waren. Über uns die funkelnden Sterne – und womöglich Anastasia … Er habe sie mehrmals gesehen, erzählte der »Plötzliche«, so geheimnisvoll und verschwörerisch, als tagte zu Duino gerade seine Freimaurerloge. »Damals noch in St. Petersburg«, fügte er hinzu. Wann damals? Schnell versuchten wir die Jahreszahlen für die Russische Revolution und den Zarenmord aus den rudimentären Geschichtskenntnissen unserer republikanischen Schulbildung herauszudestillieren. »Später dann, wie gesagt, in Berlin und Paris«, hörten wir den Geschichtenerzähler weitersprechen. Nein, sie sei nicht wie alle anderen Kinder des letzten Zaren ermordet worden, die Gerüchte um ihr Überleben entsprächen den Tatsachen – wenn auch voller kriminalistischer Implikationen. Seine verwandtschaftlichen Beziehungen zur Zarenfamilie erlaubten einen tieferen Einblick in die Angelegenheiten der wenigen Übriggebliebenen dieser Dynastie und – was in dem Fall das Allerwichtigste sei – feinere Identifizierungsmethoden. Der arme Prinz! Er war, wie sich erst vor kurzem durch einen Gentest ermitteln ließ, doch einer Hochstaplerin aufgesessen. Aber was ist schon ein Gentest gegen ein jahrhundertealtes familiäres Gespür.

Romanow, Bourbon-Parma, Bonaparte, Habsburg, das griechische, das englische, das belgische Königshaus, Fürstenfamilien aus ganz Europa, Geschlechter so alt wie Steineichen. Welche der berühmten Namen fielen an solchen Abenden nicht und mit welchen waren der

Blick von der Rilke-Terrasse hinaus aufs Meer Richtung Grado

Hausherr und sein Vetter nicht verwandt, oft sogar mehrfach, wenn auch über verschiedene Ecken und genealogische Eselsbrücken. Anastasias Schicksal wurde das Unsere, wir ihre Komplizinnen, ihre Schwestern, ihre Vertrauten. Traum und Wirklichkeit, Vergangenheit und Gegenwart fielen in eins und zogen uns immer tiefer in die Geschichte dieses Ortes hinein. Verzaubert bedienten wir uns des Modellbaukastens ferner Lebensentwürfe und warteten auf die Gespenster der Nacht. Den blutüberströmten Kardinal, die *dama bianca*, Maries Mann, Alex Taxis mit Zigarre, die Unbekannte, die Rilke und Marie in ihren spiritistischen Sitzungen erschienen war, und so weiter. All diesen unglücklich Entschwundenen konnte man bei ihrem sinnlosen Umherirren durch das mitternächtliche Schloss begegnen. Nicht selten war ein Gast totenbleich nach seiner ersten Nacht im Schloss wieder abgereist, vom Hausherrn, der auch mit den Toten höchst freundschaftlich verkehrte, milde belächelt und von uns in seiner Angst auf das Ausdrücklichste bestärkt.

Und wenn wir schließlich zu Bett gegangen waren, waren da noch die Engel, Rilkes Engel, jene schwer zu begreifenden Wesen, die seine Elegien bevölkern, und die gar nicht so lieblich waren wie die Schutzengel auf den Bildern zu Hause über unseren Betten …

Zwischen Überresten vergangener Kulturen

Weit unter dem Fuße der Steintreppe, die fast hundert Meter gerade zum Meer hinunterführt, vermuteten wir die Mündung des unterirdischen Gangs, von dem uns der »Plötzliche« wiederholt berichtet hatte. Vom Laub der Lorbeersträucher und Steineichen überdeckt, würde dort ein vor den Eingang gerollter Stein zu finden sein oder ein verrostetes Gitter. Da der Abhang an dieser Stelle nahe der Burg fast senkrecht ins Meer fällt, ließen sich unsere Vermutungen nicht überprüfen. Auch war das Schloss im Ersten Weltkrieg stark beschädigt worden und die alten Quellenangaben stimmten deshalb nicht mehr mit der gegenwärtigen Situation überein. Noch in den Kindheitserinnerungen von Marie Hohenlohe heißt es, dass es in der ehemaligen Bibliothek eine Falltür gegeben habe, mit Zugang zu einem winzigen, sehr niedrigen Raum. In der Ecke habe sich eine kleine eiserne Tür befunden. Fürst Hohenlohe, Maries Vater, hatte die Tür eines Tages öffnen lassen. Die Arbeiter stießen auf einen sehr engen, mit Schutt und Abfällen angefüllten Gang. *Als die Arbeiter eines Tages einen Schädel und eine Wirbelsäule ans Licht gefördert hatten, erfüllte sie solche Furcht, daß sie sich weigerten, fortzufahren; sie behaupteten, daß das Schloß einstürzen würde, wenn man die Arbeiten fortsetze,* beschrieb die spätere Fürstin von Thurn und Taxis den Vorfall. Die Schlosschronik verrät, dass der so

Links: Der Schlosshof, 1876
Unten: Die Stufen zu den Bastionen

genannte »Teufelsgraf« durch eben-
diesen unterirdischen Gang aus dem
Schloss hatte fliehen können. Er, ein
großer Halunke, Gefangener in seinem
eigenen Schloss, soll eine einmalige List
zur Anwendung gebracht haben. Er sei,
nachdem er seine Wächter mit einem
Fest abgelenkt hatte, durch die kleine
eiserne Tür entschwunden. Die Flucht
war erst bemerkt worden, als der Graf
von seinem Schiff aus eine Muskete ab-
geschossen und höflich von der Kom-
mandobrücke gewinkt hatte.

Wer war dieser *conte diavolo*?
Offensichtlich ein Vorfahre mit erquick-
licher Helden- und Verbrechervita? In
jeder Adelsfamilie gibt es mindestens
einen solchen Ahnen, meistens hat sich
im Laufe der Jahrhunderte eine stattliche
Anzahl ähnlich wilder Biographien an-
gesammelt. Ihre Geschichten werden
stets in einer Mischung aus Abscheu
und Bewunderung weitererzählt, zeu-
gen sie für die Nachfahren doch auch
von Wagemut, herrschaftlichem, nie-
mandem außer sich selbst verpflichte-
tem Handeln, von Freiheit und einer
Maßlosigkeit, die man selbst sich wohl

nicht zugestehen würde. Im großen Saal von Duino ist noch heute ein überlebensgroßes, aus dem 19. Jahrhundert stammendes Ölgemälde zu besichtigen. Es zeigt einen wilden Herrn in Ritterrüstung mit wehendem Haar und buschigen Augenbrauen. Er sitzt hoch zu Ross, welches sich unter ihm aufbäumt. Er scheint von irgendeinem, in aufwühlenden Farben gemalten Ort direkt in den Saal springen zu wollen. Ist er der Teufelsgraf? Oder etwa einer der berühmten Ahnherrn von Duino, die im Mittelalter über die Stadt Mailand herrschten? Dichtung und Wahrheit werden in den Sagas der großen Familien gerne vermischt. Fiktion wird nur allzu gerne zum Faktum, denn den Erzählern scheint es nur am Rande um den Lauf der Dinge, vielmehr jedoch darum zu gehen, ihre Nachkommen durch eine stringente Erzählung in die adlige Gemeinschaft der vergangenen, lebenden und kommenden Generationen einzubinden, ihr Denken und Fühlen auf das eine Thema einzuschwören, dass sie nämlich Glieder einer Kette sind, die fortzuschmieden ihre wichtigste Verantwortung ist.

D uino, um nun bei den Fakten zu bleiben, galt schon seit der Zeit der Römer als wichtiger Stützpunkt, sogar Vergil beschrieb den Küstenabschnitt in seinen Gesängen. Die Fundamente des heutigen Schlossturms sollen römisch sein, wahrscheinlich handelt es sich um die Reste einer Befestigungsanlage aus der Zeit, als die Römer die seit 400 v. Chr. in der Region lebenden Kelten aus Oberitalien zurückdrängten. 181 v. Chr. gründeten sie zur Festigung ihrer Herrschaft in Oberitalien Aquileia, das sich in der Folge zu einer der

Römisches Marmorrelief in der Einfahrt zum Schlosshof (4. Jh. v. Chr.)

bedeutendsten Städte des römischen Imperiums entwickelte. Die Kolonial- und Handelsstadt war ein idealer Ausgangspunkt für militärische Eroberungszüge nach Norden und Nordosten, von Aquileia führte die Römerstraße direkt an Duino vorbei nach Tergeste, dem heutigen Triest, und weiter nach Istrien. Vorübergehend nahm sogar Julius Cäsar in der Stadt Quartier und eine Steintafel am Sockel des alten Turms von Duino erinnert noch heute an Kaiser Diokletian, der das Imperium Romanum im ausgehenden dritten Jahrhundert nach Christus beherrschte.

Im Mittelalter florierte die Herrschaft Duino, das damals Tybein genannt wurde. Die Herrn von Tybein, ein wahrscheinlich karolingisches, um 1139 zum ersten Mal urkundlich erwähntes Adelsgeschlecht, bewohnten den Felsen gegenüber dem heutigen Schloss, jenem alten Schloss, aus dem nach der Sage die *dama bianca* von ihrem Ehemann über den Felsen in die Tiefe gestürzt worden war und dessen Ruinen heute wie die zerzauste Spitze einer Bischofsmütze in den Himmel ragen. Die Herren von Duino hatten es als Feudalherrn der Patriarchen von Aquileia zu Ansehen und Reichtum gebracht, Hugo VI. (1344–1391) hatte sich den Herzögen von Österreich unterworfen und die Regentschaft von Triest erhalten. Er ließ am Felsen gegenüber, auf den Resten des römischen Turmes, ein neues Schloss errichten, das in den Jahrhunderten danach immer weiter ausgebaut wurde, bis es in der Zeit der Renaissance seine heutige Form erhielt. 1399 starben die Herrn von Tybein mit Hugo VII. aus. Schloss, Besitz und Privilegien gingen auf seinen Onkel, Rudolf von Wallsee, über. Unter den Wallsees florierte die Herrschaft Duino, insbesondere der kleine Hafen. Duino nahm Triest einen Teil seiner Handelsgeschäfte weg, was im Jahr 1452 zu einem Angriff der Triester auf Duino führte. 1472 ver-

Blick auf das alte Schloss. Im Vordergrund Statue eines Heeresführers aus der römischen Provinz Sapaudia (Savoyen); ca. 17. Jh.

kaufte Rambert von Wallsee die Herrschaft an die Habsburger, die in den darauf folgenden Jahrzehnten verschiedene Burgherren in Duino einsetzten. Der letzte *capitano*, Matthias Hofer (1520–1587), war einer der berühmtesten Ahnherrn der heutigen Besitzer. Sein Vater Johannes war 1509 Burgherr von Duino geworden. Kaiser Maximilian I. brauchte an diesem strategisch wichtigen Küstenabschnitt, auf der Festung hoch über dem Meer, einen loyalen Verbündeten, denn er hatte soeben zusammen mit dem Papst, mit Frankreich, Spanien – der Liga von Cambrai – einen Krieg gegen die Vorherrschaft Venedigs in Oberitalen begonnen. Erst nach der totalen Niederlage gelang es dem Dogen Loredan, wieder einen Teil der eingebüßten Macht auf dem italienischen Festland zurückzugewinnen.

Johannes Hofer und sein Bruder Sigmund fielen, wie es sich für kaisertreue Krieger gehörte, im Kampf für den römisch-deutschen Monarchen. Sigmund 1516 in einer Schlacht gegen die Venezianer, Johannes einige Jahre später gegen die Türken. Als Dank für ihre Tapferkeit und Loyalität erhielt Johannes' Sohn Matthias Duino mit allen vererbbaren Titeln und Privilegien. Er baute das Schloss und den dazugehörenden Grundbesitz zu einem bedeutenden feudalen Herrschaftssitz aus. Matthias residierte wie schon seine Vorgänger im neuen Schloss am Felsvorsprung gegenüber der alten Burg, die mittelalterliche Festung ließ man nach und nach verfallen, bis sie schließlich von den Venezianern endgültig zur Ruine geschossen wurde.

Matthias hatte in jungen Jahren keinen guten Ruf. Ständig mischte er sich in die Fehden der friulanischen Aristokratie, ermordete kurzerhand Widersacher und Feinde und musste sich wegen seiner Missetaten sogar vor dem Kaiser in Wien rechtfertigen. Sein Bußgang in die Hauptstadt des Reiches hinderte ihn aber keineswegs daran, einen weiteren Mord zu begehen, als er wieder zu Hause war. Daraufhin wurde er von den Triestern festgenommen und unter Arrest gestellt. Kaiser Ferdinand I. sprach ihn jedoch von aller Schuld frei, sekundiert vom berühmtesten Rechtsgelehrten der Zeit, Cornelio Frangipane. Matthias hatte sich durchgesetzt und das Spiel um Macht und Einfluss in der Region gewonnen. Allerdings hatte der streitsüch-

tige und mächtige Besitzer von Duino keinen männlichen Nachkommen und die Hofers drohten auszusterben. Seine beiden Töchter,
Lodovica und Chiara, heirateten – wenn auch schön brav hintereinander – ein und denselben Mann, nämlich ihren direkten Onkel Raimondo della Torre († 1623), der sich zur Rettung des Namens Hofer
in der Folge della Torre-Hofer-Valsassina nannte. Raimondos Vater
Francesco war Matthias' Lieblingsonkel. Für den Bruder seiner Mutter vernachlässigte Matthias seine deutschen Wurzeln, schwärmte

vom Humanismus Italiens und sprach, anders als seine Vorfahren, kaum noch Deutsch. Außerdem wurde unter dem Einfluss des *zio* aus dem ständig mit Triest im Streit liegenden Matthias ein Anhänger Venedigs. Als der Onkel schließlich starb, nahm Matthias dessen Sohn Raimondo zu sich, jenen, der hintereinander Matthias' Töchter heiraten würde, in erster Ehe seine Nichte Lodovica und, als diese verstarb, deren Schwester Chiara. Die Ehe diente damals machtpolitischen Zwecken und diese wurden auch vom Papst sanktioniert. Raimondo erhielt für beide Heiraten ohne Schwierigkeiten den nötigen päpstlichen Dispens, nicht umsonst pflegte seine Familie seit Generationen gute Beziehungen zum Vatikan. Auch kämpfte Raimondo als überzeugter Katholik gegen die wenigen Protestanten, die noch in seiner Herrschaft verblieben waren. Später wurde er zum Dank für seine Verdienste kaiserlicher Botschafter in Venedig und Rom. Auch seine Nachkommen bekleideten wiederholt diplo-

matische Posten, aber keiner von ihnen hat es so gut verstanden, den Familienbesitz zu mehren, wie Raimondo. Er stieg zu einem der wichtigsten und reichsten Feudalherrn Oberitaliens auf. Weite Teile des unteren Friauls, die Gerichtsbarkeit für Cormons, Mariano und andere Städte, verschiedene Besitzungen im Collio, das Schloss Vipulzano, die Herrschaft Sagrado und eine große Anzahl von Ländereien in Gorizia und Karnien wurden della Torre'scher Besitz. Allein die Herrschaft Duino umfasste in seiner Zeit 48 Dörfer, den reichen Zollhafen San Giovanni und den venezianischen Teil von Monfalcone.

Im Jahre 1849 passierte dann wieder einmal, wovor sich alte Familien fürchten wie der Teufel vor dem Weihwasser. Die della Torre-Hofer-Valsassinas starben aus. Giambattista, der Letzte seines Namens, hatte drei Töchter, darunter die wunderschöne Teresa. Sie, die in Venedig, Sagrado und wegen des rauen Klimas nur ungern in Duino weilte, heiratete den bayrischen Prinzen Egon Hohenlohe-Waldenburg-Schillingsfürst. Duino wurde Hohenlohe'scher Besitz. Doch nur für eine Generation. Marie, Teresas Tochter und Erbin von Duino, heiratete ihren entfernten Vetter, den Prinzen Alexander von Thurn und Taxis. Verwandt war sie mit ihm deshalb, weil er ein Nachfahre der nach Böhmen ausgewanderten della Torre war. Duino, so schließt sich der Kreis, kehrte somit wieder in den Besitz dieser unendlich verzweigten, über ganz Europa verstreuten Adelsfamilie zurück, deren Geschichte um die Jahrtausendwende in Mailand begonnen hatte. Kein Wunder, dass Rainer Maria Rilke, Maries Schützling und Gast auf Duino, diesen Ort als Inspiration für seine Elegien erwählte, dieser *poeta doctus*, Inbegriff des gelehrten, aus der europäischen Kulturgeschichte heraus atmenden und arbeitenden Dichters, den nichts mehr beglückte, als Überreste vergangener Kultur und Geschichte im Hier und Jetzt zu entdecken.

Auch der deutsche Zweig der Familie von Thurn und Taxis, jenes Regensburger Fürstenhauses, das durch die Gründung des Postdienstes zu einer der reichsten Adelsfamilien in Deutschland wurde, ist also italienischen Ursprungs. Im 14. Jahrhundert waren die della Torre Herrn (Signorie) von Mailand, sie hatten große Besitzungen in Friaul, aber auch in der Gegend von Verona und Bergamo. Von den Viscontis vertrieben, stellten sie im 13. und 14. Jahrhundert vier Patriarchen von Aquileia, Raimondo, Gastone, Pagano und Lodovico. Auf Franz I., Herrn von Mailand, gehen die Regensburger Thurn und Taxis zurück. Sie entstanden in Verbindung mit der Familie Tasso aus Bergamo, nannten sich Torre e Tasso und, nachdem sie sich in den deutschen Landen niedergelassen hatten, Thurn und Taxis. Franz I. Tasso richtete einen gut organisierten Kurierdienst in Italien ein. Um 1500 legte er den Grundstein für die Entwicklung des internationalen Postwesens. Nachdem es seinen Nachfolgern gelungen war, einen Brief von Innsbruck in nur fünfeinhalb Tagen nach Brüssel zu transportieren, wurde die Familie von Kaiser Matthias 1615 mit dem erblichen Amt des kaiserlichen Generalpostmeisters belohnt, 1695 wurde die Familie in den Reichsfürstenstand erhoben.

Francesco di Vito della Torre, ein anderer Stammvater der aus Mailand verdrängten Ursprungsfamilie, war 30 Jahre Statthalter von Görz, bevor er in die militärischen Dienste des Erzherzogs von Tirol eintrat und sich schließlich in Böhmen niederließ. Sein Sohn, Heinrich Matthias von Thurn – auch dieser Familienteil hatte das della Torre bald eingedeutscht –, sollte es als bereits zu einigem Reichtum gekommener böhmischer Graf ebenfalls zu großer Berühmtheit bringen. Am 23. Mai 1618 warf der überzeugte Protestant gemeinsam mit seinem Standesgenossen, einem Grafen Kinsky, die kaiserlichen Statthalter Vilém Slavata und Jaroslav Marti-

nic sowie deren Schreiber aus einem Fenster des Hradschin, weil Kaiser Ferdinand II. mit seinen gegenreformatorischen Maßnahmen die garantierte Religionsfreiheit der Böhmen eingeschränkt hatte. Durch den als Prager Fenstersturz in die Geschichte eingegangenen Protestakt wurde der Böhmische Aufstand ausgelöst, und der war bekanntlich wiederum der Auftakt zum Dreißigjährigen Krieg. Auch die böhmischen Thurn und Taxis wurden Fürsten. Der Letzte von ihnen, in den Ländern der k.u.k. Monarchie wurden nach dem Ersten Weltkrieg alle Adelstitel abgeschafft, war jener Alexander von Thurn und Taxis, der – und nur deshalb interessiert uns seine Geschichte – Marie Hohenlohe aus Duino heiratete.

Marie Prinzessin Hohenlohe-Waldenburg-Schillingsfürst, die spätere Fürstin von Thurn und Taxis, als 22-Jährige auf einem Kostümball des Grafen Waldstein, 1877

Duino erlebte in den Jahren vor dem Ersten Weltkrieg eine kulturelle und geistige Blütezeit, was trotz der großen Zerstörungen im Krieg bis heute spürbar ist. Es habe zwar, so weiß man in der Familie, Absichtserklärungen von italienischer wie österreichischer Seite gegeben, dass Duino, auch nachdem sich Italien 1915 gegen Österreich gewandt hatte, nicht zerstört werden sollte. Doch das Schloss ge-

riet mitsamt dem markanten Turm in die Schusslinie der Isonzo-Front, an der in zwölf Schlachten Hunderttausende Soldaten ums Leben kommen sollten. Anfang 1916 wurden das Schloss und das Dorf von der italienischen Kriegsmarine in Schutt und Asche geschossen. Alexander von Thurn und Taxis, Maries Sohn, restaurierte gemeinsam mit seiner zweiten Frau, Ella Holbrook-Walker aus der berühmten amerikanischen Whisky-Dynastie, Schloss und Park zwischen den beiden Weltkriegen nach den alten Plänen und den Komfort-Vorstellungen der zwanziger Jahre. Im Zweiten Weltkrieg blieb Duino unzerstört, die deutsche Kriegsmarine hatte im Haus ihr Quartier aufgeschlagen, später residierten Titos Partisanen hier und anschließend die Alliierten. Diese blieben bis 1954 mit ihrem Hauptquartier für die so genannte Zone A des Freistaats Triest im Schloss. Durch das Londoner Abkommen wurde die Region Triest zwischen Italien und Jugoslawien geteilt. Der Vertrag wurde in Duino unterschrieben.

Blick vom Hafen auf das Schloss, 1876

1910

Getragen von mütterlicher Freundschaft

Im März 1915 währte die Freundschaft zwischen Marie von Thurn und Taxis-Hohenlohe und Rainer Maria Rilke nun schon fünf Jahre. Sie hatten einander hier und dort getroffen, zahlreiche Briefe hatten die Zeiten dazwischen überbrückt, eine gemeinsame Sprache über die Dinge war entstanden, und sie bangten gemeinsam um die stets bedrohte Schaffenskraft des Dichters, den Marie seit dem Sommer 1911 aus einer Laune, einer Eingebung heraus Dottor Serafico nannte. Natürlich wandte sich Rilke nicht nur in seinem Liebeskummer wegen all jener kommenden und gehenden Frauen seines Lebens an die Fürstin, von der er wusste, dass sie blieb und dass auch er kein Bedürfnis zur Flucht entwickeln würde. Doch im Liebesleid flüchtete der bindungsgestörte Dichter besonders gern in Maries mütterlichen Schutz. Die zwanzig Jahre ältere Freundin gab ihm, wozu niemand sonst, nicht einmal Lou Andreas-Salomé, seine große Liebe und spätere treue Brieffreundin, fähig gewesen wäre: langmütige, unverbrüchliche Freundschaft, die durchaus leidenschaftliche Züge trug. So schrieb sie dem gerade in ein Liebesabenteuer mit der sechzehn Jahre jüngeren Malerin Lulu Albert-Lazard verstrickten Dichter am 6. März 1915 einen herzlich barschen Brief. *Dottor Serafico!!! Eigentlich möchte ich Sie furchtbar verschimpfen – ich glaube Sie würden es nothwendig brauchen wirklich ausgezankt zu werden wie ein baby – der Sie ja auch eines sind, obwohl dabei ein großer Dichter […] Jeder Mensch ist einsam, und muß es blei-*

Rainer Maria Rilke, Zeichnung von Marie von Thurn und Taxis, 1910

Marie von Thurn und Taxis

ben und muß es aushalten und darf nicht nachgeben und muß die Hilfe nicht in anderen Menschen suchen [...] Es kommt mir vor, D.S. daß der selige Don Juan ein Waisenknabe neben Ihnen war – Und Sie thun sich immer solche Trauerweiden aussuchen, die aber gar nicht so traurig sind in Wirklichkeit, glauben Sie mir – Sie, Sie selbst spiegeln sich in allen diesen Augen. So viel Pragmatismus und so viel psychologisches Feingespür. Es ist verständlich, dass Marie zum Fels in Rilkes zwischen existenzbedrohenden Flauten und kreativen Orkanen hin- und hergeworfenem Leben wurde. Am Ende ihrer siebzehnjährigen, bis zu Rilkes Tod während Beziehung wird Rilke einmal vor seiner Fürstin auf die Knie fallen und ihre Hände küssen. Und sie wird seine Stirn küssen – *wie eine Mutter ihren Sohn, einen wunderbaren Sohn.*

Kennen lernten sie einander im Dezember 1909 in Paris. Maries Freundin, die Schriftstellerin Anna-Elisabeth Comtesse de Noailles, hatte von Rilke unbekannterweise Briefe erhalten. Auf den deutschsprachigen Kollegen neugierig geworden, bat sie die Fürstin von Thurn und Taxis, ein Treffen zu arrangieren. Da Marie in Paris einen großen Salon führte, nahm sie die Gelegenheit gerne wahr, denn auch sie kannte den berühmten Lyriker nur aus seinen Werken, die ihr der Philosoph Rudolf Kassner näher gebracht hatte. Sie bat also Rilke mit der Comtesse de Noailles zum Tee. *Ich war angenehm überrascht, zugleich aber auch ein wenig enttäuscht, denn ich hatte ihn mir ganz anders*

vorgestellt – nicht diesen ganz jungen Menschen, der fast wie ein Kind aus-
sah; er erschien mir im ersten Augenblick sehr häßlich, zugleich aber sehr
sympathisch. Äußerst schüchtern, aber von ausgezeichneten Umgangsfor-
men und einer seltenen Vornehmheit.

Rilke hatte soeben die ›Aufzeichnungen des Malte Laurids Brigge‹
beendet, und er glaubte in diesem seinem düstersten Werk schon alles gesagt zu haben. Mitte dreißig stand er im Zenit seines Schaffens,
er galt seit dem ›Stunden-Buch‹ als einer der wichtigsten Lyriker seiner Generation, hatte mit seiner Prosadichtung ›Die Weise von Liebe
und Tod des Cornets Christoph Rilke‹ einen veritablen Bestseller geschrieben – und er hatte nach vielen Jahren materieller Not so viele
reiche Gönner und Schlösser besitzende adelige Damen um sich ge-
schart, dass es ihm auch in dieser Hinsicht an nichts mehr zu man-
geln schien. Das freilich änderte wenig an seiner existenziellen See-
lennot, seinem Leiden an der Unvereinbarkeit von Leben und Schreiben, seiner übergroßen Sensibilität gegenüber allem und jedem, seiner
Nervosität und inneren Getriebenheit. Vor dem Sog der jungen Madame de Noailles flüchtete der Dichter, mit Marie hingegen begann er
unverzüglich Bande der Freundschaft zu knüpfen.

Im April 1910 besuchte Rilke zum ersten Mal Duino. Die Fürstin war gerade mit ihren Gästen, darunter Rudolf Kassner – auch er sollte einer der wichtigsten Vertrauten Rilkes werden –, zu einem Ausflug nach Cividale aufgebrochen und bedauerte, Rilke nicht gebührend empfangen zu können. Doch ihr neuer Gast war froh darüber, wollte er doch *die wahrhaft unbeschreibliche Schönheit von Duino* zuerst einmal ganz alleine auf sich einwirken lassen. Er habe, so berichtete er später, die Einsamkeit gut brauchen können, um sich wieder zu fassen. Fast den ganzen strahlenden Frühlingsnachmittag sei er auf dem Balkon gestanden und habe den Duft der zahllosen Irideen und den Salzgeruch, der von den Wellen heraufdrang, in sich eingesogen und dabei den Blick ins Azurblau des Meeres und des Himmels verloren. Rilke spürte wie kaum ein anderer sein Leben lang den fruchtbaren oder destruktiven Einfluss der Orte, an denen er sich aufhielt. Sie waren Seelennahrung für den Dichter.

Von Duino fuhr Rilke nach Venedig. Auch dort war Marie von Thurn und Taxis seit ihrer Kindheit zu Hause, und auch diesen Platz in ihrer Seelengeografie wird sie in den Jahren vor dem Ausbruch des Ersten Weltkriegs ihrem Dichter eröffnen. Zur Zeit von Rilke besaß

Marie in einem Seitenkanal des Canal Grande ein *reizendes Mezzanin*, wie sie die elegante Beletage mit dem nötigen Understatement bezeichnete, und selbstverständlich wird Rilke dort zu ihren Gästen zählen. Sie liebten es, gemeinsam durch die Gassen zu laufen, um sich in ihrem Gewirr zu verirren. Das

erste Mal passierte es im April 1911 bei der Kirche Santa Maria Formosa. Sie verloren sich in einem Labyrinth von Straßen, Gassen und Brücken – *eine Schande für eine Venezianerin!*, rief die Fürstin entzückt aus – und plötzlich fanden sie sich an einem Platz im ärmeren Teil der Stadt wieder. Ein Schweigen sei von jenem Ort ausgegangen, das aus verklungenen Zeiten herzurühren schien, und eine Flöte habe eine seltsame orientalische Melodie gespielt, berichtet die Fürstin in ihren Aufzeichnungen. Alles dies waren Eindrücke, die sich viel später in den Duineser Elegien wiederfinden würden. *… Santa Maria Formosa …* – *… gab eine Geige sich hin …*

I m August des Jahres 1910 weilte der Dichter dann auch als Gast in Lautschin (Loučen), dem böhmischen Besitz der Familie Thurn und Taxis. Den Ort kannte Rilke bereits aus seiner Jugend. Der fünfzehnjährige, blässliche Knabe war mit seiner kranken Tante und seinem geliebten Kaninchen für zwei Monate zur Kur in das für seine Luftqualität bekannte Städtchen gekommen. Er hatte den Fürsten, Maries Mann, um eine Audienz gebeten und ihm ein paar Gedichte vorgetragen. Dann war das Kaninchen krank geworden und am Ende des Sommers schließlich auch noch verstorben. Voller Komik erzählte Rilke bei seinem ersten Besuch in Lautschin, nunmehr erwachsen und berühmt, von dieser Begebenheit. Duino, Venedig, Lautschin, dazwischen einige wenige Male Paris und im Ersten Weltkrieg Wien. Der stete Wechsel der Orte, an denen sich diese Freundschaft abspielte, hatte etwas Rastloses, Nomadisches. Er war aber auch überaus typisch für die Welt vor dem unseligen Jahr 1914. Man war eben in ganz Europa zu Hause und man kannte und atmete die Kultur des ganzen alten Kontinents.

Mir schien, schreibt Marie schon bei Rilkes erstem Besuch in Duino in ihren Erinnerungen, *als hätten wir uns schon von jeher gekannt, nichts Fremdes stand zwischen uns*. Erstaunlich. Man kann sich kaum unterschiedlichere Persönlichkeiten vorstellen als die Fürstin und den Dichter. Hier der seelengequälte narzisstische Künstler, dort die ausgeglichene, starke Frau, die, wie es scheint, nie seelische Streicheleinheiten benötigte. Hier der Bürgersohn mit seiner zutiefst verletzten Kinderseele, dort das Aristokratenkind aus den Blumenhainen Sagrados und den dunklen Zimmerfluchten eleganter venezianischer Palazzi. Hier ein jugendliches Opfer der militärischen Pädagogik der Kadettenschulen von St. Pölten und Mährisch-Weißkirchen, dort eine in der kultivierten Atmosphäre der Mutter aufgewachsene und von Gouvernanten und Hauslehrern streng erzogene höhere Tochter.

Alexander Prinz von Thurn und Taxis, Ehemann von Marie, auf einer Indienreise um die Jahrhundertwende

Maries Mutter Teresa, die letzte della Torre-Hofer-Valsassina, war ungewöhnlich schön. Eine zarte, duftende Erscheinung mit kleinem zierlichen Kopf, wohlgeformter Nase und blauen leuchtenden Augen. Sie strahlte jene natürliche Würde, vollendete Anmut, bewusste Höflichkeit und jenen unfehlbaren Takt aus, der zum Wesen einer Grande Dame gehört. Sie malte hübsche Aquarelle und verfasste Verse, sie parlierte fließend Französisch, Italienisch, Englisch und Deutsch, und sie achtete stets mit einigem, wenn auch verhaltenem Stolz auf ihren gesellschaftlichen Rang. Dieser

Teresa Hohenlohe-Waldenburg-Schillingsfürst (geborene della Torre-Hofer-Valsassina), die Mutter von Marie, Mitte des 19. Jahrhunderts

Rang sicherte ihr ein Leben am absolut obersten Ende der Gesellschaft. Gab Erzherzog Max, der spätere Kaiser Maximilian von Mexiko, ein Diner in Miramare, war sie natürlich eingeladen und zeigte sich, bevor der Wagen vorfuhr, in ihrem seidenen, rosa und weiß karierten Kleid, das an einer Seite von Rosen und silbernem Laub hochgerafft wurde, noch schnell den bereits zu Bett gebrachten Kindern.

Pikanterweise hatte der Erzherzog ursprünglich Duino erwerben wollen, ein Wunsch, der einem Mitglied des Kaiserhauses, zumal dem jüngeren Bruder Kaiser Franz Josephs, nur mit äußerstem Geschick und unter Kenntnis aller höfischen und aristokratischen Tricks ausgeschlagen werden konnte. Schließlich baute Max 1858 Miramare, eine weiße

Marie Hohenlohe im Alter von vier Jahren

Zuckerlburg im historisierenden englisch-normannischen Stil. Der Erzherzog wurde bekanntlich 1867 als Kaiser von Mexiko hingerichtet, während seine Gemahlin Charlotte für eine Weile nach Miramare zurückkehrte, bis sie, vom Schicksal in den Wahnsinn getrieben, im Jahr 1927 in Belgien verstarb.

Als Zar Alexander II. auf Durchreise in Venedig weilte, wünschte er die für ihre Schönheit bekannte Teresa zu sehen. Auf den ihm zu Ehren veranstalteten Bällen der guten venezianischen Gesellschaft tanzte er viel mit der verheirateten Prinzessin Hohenlohe und erklärte ihr lachend, er fürchte, sie zu zerbrechen.

Teresa war im Palazzo Corner in Venedig aufgewachsen, erst später hatte sie Duino, das in den napoleonischen Kriegen schwer beschädigt worden war, wieder herrichten lassen. Marie verlebte mit ihren drei Geschwistern, der geliebten Gouvernante Therese und eingebunden in den Kreis der Künstler, Literaten und Musiker, die ihre Mutter stets um sich versammelte, eine geglückte Kindheit. Kultur und Geist gehörten so selbstverständlich zum Familienalltag wie die Tatsache, dass Teresa mit ihren Kindern im Grunde nur wenig zu tun hatte. *Mama schwebte in höheren Regionen und ließ sich nicht zu uns herab.*

Bei aller Verschiedenheit der Charaktere, der Herkunft und des Lebensentwurfes war gerade die Atmosphäre höchster kultureller Sensibilität der Boden für Rilkes und Maries innige, dem geistigen Austausch verschriebene Freundschaft. Die Tatsache, dass schon Liszt bei Teresa zu Gast gewesen und eines ihrer Gedichte – ›La Perla‹ – vertont hatte, dass also auch die Mutter einen berühmten Salon geführt hatte, war maßgebend für Maries geradezu selbstverständlichen Umgang mit Künstlern und Intellektuellen. »Fürstin Marie von Thurn und Taxis war eine typische Vertreterin des besseren Teils der übernationalen mitteleuropäischen Aristokratie. Weltoffen, gebildet und lebensklug«, schreibt denn auch der Literaturwissenschaftler und Rilke-Kenner Stefan Schank. Das ließ sich keineswegs von allen Aristokratinnen der damaligen Zeit behaupten.

Ich las leidenschaftlich, las immer wieder die gleichen Bücher, denn man gab uns sehr wenige. Damals ärgerte ich mich darüber; heute sage ich mir, daß, da ich seit meiner Jugend gelernt habe, einige der erhabensten Schöpfungen des menschlichen Geistes zu genießen, der Maßstab, den ich dann instinktiv an alle Kunstwerke anlegte, ungewöhnlich hoch und streng werden mußte (Jugenderinnerungen). Die Fürstin bot Rilke also nicht nur Halt und Zuversicht, ihr literarisches Gespür – sie schrieb selbst Bücher und übersetzte einige Rilke-Gedichte ins Italienische – war ausreichend, um dem Meister eine immer wieder anregende, oft sogar kontro-

Die Ruine des alten Schlosses

53

verse Gesprächspartnerin zu sein. Sie stritten über Goethe, dessen Werke Rilke bis dahin vernachlässigt hatte. Sie schmunzelten über Rilkes die Realität zur Fiktion erhebenden Einfall, was wohl Malte, sein Romanheld, zum Verschwinden der Mona Lisa gesagt haben würde. Das Bild war 1911 von einem italienischen Anstreicher, Vincenzo Perrugia, aus dem Louvre entwendet worden. Zwei Jahre lang sollte er es im Zimmer eines Bahnhofshotels in Florenz versteckt halten, bis er das Bild für eine halbe Million Lire einem Händler anbot, der sich sofort an die Uffizien wandte. Bei der Gerichtsverhandlung gab der Kunstdieb an, das Werk bloß »heim« nach Italien geholt haben zu wollen.

D ie Fürstin tat immer wieder das Nötige, um Rilkes *Ideen ein wenig zu entwirren*. Etwa, wenn der Dichter in Vorbereitung seiner Ägyptenreise auf dem Weg von München nach Duino noch schnell in Toledo vorbeischauen wollte. Und auch nach jenem produktiven Winter

in Duino, dem wir einen der schönsten Zyklen der Weltliteratur, die ›Duineser Elegien‹, verdanken, hält die Freundschaft an. Marie wird ebenso zur Hüterin des zweiten, erst zehn Jahre später in Muzot vollendeten Teils der Elegien, wie sie dem ersten Teil durch ihre Gastfreundschaft in Duino zum Durchbruch verholfen hat. Zehn Jahre brauchte der Dichter, um sein *Herz-Werk* zu vollenden, eine enorme Entstehungszeit für ein Werk, das am Ende gerade zehn Gedichte von zusammen 853 Zeilen umfasst. »Aber Rilke musste seine Haltung zur Welt von Grund auf überdenken und in wichtigen Aspekten verändern, um die Elegien beenden zu können.« (Stefan Schank) Marie wusste instinktiv um die Länge einer solchen Geburt, sodass sie den vom Warten völlig

Rainer Maria Rilke im Sommer 1913

entnervten Dichter im Juni 1921, als er ihr beim Wiedersehen in der Schweiz voller schmerzlicher Überzeugung gesteht, er sei nun entschlossen, die Elegien als Fragment herauszugeben, wieder einmal erfolgreich zur Raison ruft: *Um Gottes willen, Serafico, tun Sie das ja nicht! Unter keiner Bedingung – die Elegien müssen vollendet werden – und sie werden es – ich schwöre es Ihnen – warten Sie nur, warten Sie … ich weiß, daß es kommen muß …*

Doch davor kam der lange Krieg, der genug Unheil in sich barg, um im Anschluss sehr bald noch einen Zweiten Krieg nach sich zu ziehen. *Wars das? sag ich mir hundert mal, wars das, was die letzten Jahre als ungeheuerer Druck über uns lag, diese furchtbare Zukunft, die nun unsere grausame Gegenwart ausmacht? Ich muß daran denken, wie ich eines Tages zu Marthe sagte: Marthe, il n'y aura devant moi que des désastres, des ter-*

reurs, d'angoisses indicibles, c'est avec vous que finissent les bontés de ma vie – [...] Und Marthe hatte eine unvergeßliche Gebärde des Mich-in-Schutz-nehmens. Jetzt erst begreif ich, genau so gingen die paar gewaltigen alten Männer herum, Tolstoj und Cézanne und stießen Warnungen und Drohungen aus, wie die Propheten eines alten Bundes, der nächstens wird gebrochen werden [...] das Ärgste ist, daß eine gewisse Unschuld des Lebens, in der wir doch aufgewachsen sind, für keinen von uns je wieder da sein wird, schrieb Rilke im August 1915 an Marie, nachdem er kurz zuvor bei Kriegsausbruch noch fünf die mythische Kraft des Krieges preisende Gedichte geschrieben hatte. Hymnische Gesänge über einen Krieg, der die Menschen aus ihrem Alltagstrott herausreißen sollte. Rilkes Illusion währte Gott sei Dank nur eine Schrecksekunde lang.

Die Palladio-Wendeltreppe

Um den Jahreswechsel 1915/16 erhält auch er einen Einberufungsbefehl, und zwar soll er als Landsturmmann nach Turnau in Nordböhmen gehen. Wieder springt ihm die Fürstin zur Seite, das heißt, in dem Fall versucht ihr Mann, der Fürst, alles in seiner Macht Stehende zu tun, um den weltfernen Dichter vor der unmittelbaren Berührung mit der Kriegsrealität zu bewahren. Auch andere Fürsprecher, darunter Katharina Kippenberg, die Frau seines Verlegers, Sidonie

Nádherný von Borutin sowie der Ordonnanzoffizier Philipp Freiherr von Schey-Rothschild setzen sich für Rilkes Freistellung ein. Schließlich haben die Bemühungen Erfolg, und der Schriftsteller wird Ende Januar zum »Heldenfrisieren« ins Wiener Kriegsarchiv abkommandiert, in dem bereits Stefan Zweig, Alfred Polgar und andere Schriftsteller tätig sind. Doch selbst der »Dicht-Dienst«, bei dem aus den Feldakten für das breite Publikum novellistische Erzählungen von Hel-

denmut und Opfertod zu fabrizieren sind, ist Rilke unmöglich. Schließlich liniert er Büropapier und wird nach einem halben Jahr entlassen. Welch ungleich heftige Erschütterung dieser Krieg für Europa bedeutete, welche Verrohung der Gesellschaft damit einherging, welcher Zivilisationsbruch geschehen war, wusste Rilke aber auch ohne eigene Fronterfahrung nur allzu gut. *Sie glauben gar nicht Fürstin, wie anders,* wie anders *die Welt geworden ist,* schreibt er tief erschüttert an Marie am 23. Juli 1920. Auch darin, dass Rilke die Jahre bis zu seinem Tod 1926 praktisch nur noch in der vom Krieg verschont gebliebenen Schweiz zubringen wird, dass alle Orte, die ihm einst so lieb und wichtig waren, ja selbst *das Reisen des reisenden »Gebildeten«* vermint zu sein schienen, zeugt von einem tiefen emotionalen Erleben der Katastrophe. Wie wenn er, der in seiner Elegiensprache so sehr durch die Dinge hindurchsah, der seine Sprache ein Leben lang für das Dahinterliegende geschärft hatte, das blutgetränkte Europa nicht mehr zu sehen, ja nicht mehr zu betreten vermochte.

Alexander Prinz von Thurn und Taxis, erster Duca di Castel Duino, Sohn von Marie, auf einem Maskenball in Duino, 1889

Marie von Thurn und Taxis, die einen Teil des Krieges in Wien verbringt und dort den Dichter empfängt, muss Anfang 1916 zwei Monate aus ihrem Hotelfenster in Triest mit ansehen, wie ihr geliebtes Duino, Rilkes Elegienlandschaft, fast vollständig zerstört wird. *Ein böser Traum schien's mir zu sein, nicht wirklich, ich nahm es mit einer seltsamen Ruhe hin,* schreibt sie ganz von ihrer aristokratischen, keinerlei

Emotionen zulassenden Haltung gefangen genommen. Der schicksalhafte Schuss von Sarajewo hatte, wenn man so will, ein Duineser Vorspiel. Erzherzog Franz Ferdinand hatte als Generalinspekteur der k.u.k. Armee auf seinem Weg zu den Truppenübungen in Bosnien mit seiner Gemahlin Sophie in Duino übernachtet. Anschließend hielt das herrschaftliche Paar noch in Miramare, dann fuhren sie nach Sarajewo.

Zu Kriegsausbruch meldet sich erneut die »Unbekannte«, wie Marie in ihren ›Erinnerungen‹ erzählt. »*Warum singt er nicht? Seine Pflicht, seine Bestimmung – er soll. Gestreift wurde er einst von … Nicht soll er vergessen, denn nur dazu lebt er. Sonst verliert er den errungenen Teil. Ja; ich habe gesprochen, ich, der fast die ganze Schnur sieht.* Lange hatte sie geschwiegen, im Grunde genommen seit jenen Tagen, als Rilke, Marie und Maries Sohn Alexander sie im Herbst 1912 zum ersten Mal herbeiriefen. Damals war es allgemeine Mode, Séancen abzuhalten, verschiedene spiritistische Richtungen fassten dort Fuß, wo die Festigkeit im alten christlichen Glauben wankend geworden war. Rilke war stets empfänglich für jegliche Form des Übernatürlichen, ihn, der einem übersensitiven Seismographen gleich Schwingungen aller Art wahrzunehmen imstande war, wunderte es nicht im Geringsten, dass in Duino die Geister zu ihm sprachen, an diesem Ort, an dem schon die Normalsterblichen bis heute in der Nacht von den Verstorbenen heimgesucht werden. Auf die Frage, ob er denn noch einen Winter alleine in Duino verbringen würde, antwortete Rilke mit einem verhaltenen »Ja«, so wie jemand, der ganz pragmatisch die Belastung eines solchen Unternehmens abzuwägen sich anschickt. Man müsse, so erklärte sich der Dichter, so vieles dabei bedenken, vor allem wegen Raymondine und Polyxène, mit denen man sich immer beschäftigen müsse. Die beiden angeblichen Mitbewohnerinnen, die Rilke in Duino voller Ansprüche entgegentraten, waren längst verstorben, Raymondine, als sie kaum verheiratet war, die arme kleine Polyxène gar schon mit fünfzehn

Eines der vielen Schlafzimmer, 1876

Jahren. All das hatte sich zur Zeit von Maries Mutter Teresa della Torre abgespielt. Den gleichen freundschaftlichen Umgang, den der Dichter in Duino mit den Toten pflegte, findet man im Übrigen auch bei seiner Romanfigur Malte, dem die längst verstorbene Christine Brahe erscheint.

Wenngleich sich Rilke später wieder von den spiritistischen Praktiken distanzieren sollte, so waren die Séancen in Duino für ihn doch eine wichtige Inspirationsquelle. An jenen Abenden nahmen er, Marie und Pascha also eine so genannte »Planchette« zur Hand, eine Vorrichtung, mit der man einen Stift dazu bringen kann, »automatisch« zu schreiben. Rilke setzte sich in einiger Entfernung von den anderen an einen Tisch und notierte schweigend Fragen auf ein Papier. Pascha hielt den Stift und ließ die Geister antworten. *Für mich war es, wie ich mich gleich zu versichern beeilte, das Unterbewußtsein des Dichters, das sich die ganze Zeit über manifestierte*, bemerkte Marie erstaunlich rational. Ähnlich einer Familienaufstellung oder den Gesetzen des Psychodramas kamen bei diesen Sitzungen aber tatsächlich erstaunliche und für den Dichter wegweisende Antworten zutage. *Laufe voran, ich werde dir folgen ... Die Brücke, die Brücke mit Türmen am Anfang und Ende. [...] Fühlst du die Engel? Es rauschen die Zeiten wie Wälder.* Rilke deutete die Antworten als Botschaft, sich nach Toledo zu begeben. Er hoffte an die-

sem Ort naturgewaltiger Kraft und bei den Bildern El Grecos, die er seit seinen frühen Pariser Jahren kannte und liebte, neue Inspiration für die ein halbes Jahr zuvor in Duino begonnenen Elegien zu finden. *Diese unvergleichliche Stadt hat Mühe, die aride, unverminderte, ununterworfene Landschaft, den Berg, den puren Berg, den Berg der Erscheinung, in ihren Mauern zu halten, – ungeheuer tritt die Erde aus ihr aus und wird unmittelbar vor den Thoren: Welt, Schöpfung, Gebirg und Schlucht, Genesis.* (An Marie von Thurn und Taxis, 13.11.1912) Rilkes Begeisterung für die erhabene Landschaft Toledos und danach Rondas wich jäh der Enttäuschung darüber, dass sein Gott dennoch weiter schwieg. Die Wechselwirkung mit der Magie der aufgesuchten Orte hatte dieses Mal nicht funktioniert – allerdings nur scheinbar nicht, denn zeitversetzt wird Spanien einen ganz wesentlichen Platz in Rilkes Seelengeografie einnehmen. Doch das wird noch ein wenig dauern.

Inzwischen hat Rilke wieder einmal allen Grund, seiner Fürstin, die er im Sommer 1913 in Berlin wiedersieht, all seinen Kummer zu klagen. Auch seine manchmal unerträgliche Einsamkeit, da er begreift, dass er wohl nie die Frau finden wird, die ihn aus ganzem Herzen liebt ohne je etwas dafür zu verlangen, ist bei Marie gut aufgehoben. *Er wußte, daß er auf meine innige Freundschaft bauen könne*, beschwört Marie unbeirrt das Mantra ihrer Beziehung und hilft ihm – ganz und gar treue mütterliche Freundin – über alle Nöte und Sorgen hinweg. Im Februar 1922 wird sich herausstellen, dass Toledo, Ronda, El Greco und die Unbekannte doch ihren Dienst getan haben. Ja, sie inspirierten den Dichter, nicht mit sofortiger Wirkung, dafür umso nachhaltiger, bleibender und größer. Und kaum jemand wird beglückter auf die Vollendung des Werkes reagieren als die Fürstin. Am 7. Juni 1922, vier Monate nachdem Rilke seine Duineser Elegien vollendet hat, wird sie ihn in Muzot besuchen, und er wird ihr, vor dem Lesepult stehend, einen ganzen Tag lang die Elegien vorlesen. Marie wird mit pochendem Herzen zuhören, bis ihr Gesicht tränenüberströmt sein wird, weil sie versteht, dass sie einer wahrlich großen künstlerischen Schöpfung den Weg zu ebnen geholfen hat. *Glauben Sie*, wird Rilke einige Tage später das Wiedersehen in einem Brief kommentieren: *Ihre Aufnehmung hat mir erst die Leistung, die da war, abgeschlossen und reich und beglückend vollendet. Haben Sie Dank, wir haben nie ein reiferes Wiedersehen gehabt …* Welch beneidenswerte Freundschaft.

Dem Brausen des Sturmes abgelauschte Stimmen

*L*iebe Lou, wenns geht, so bleib ich wahrscheinlich bis in den Frühling hinein hier, obwohl mir weder das Haus noch das Klima recht zusagt; dieser fortwährende Wechsel zwischen Bora und Scirocco thut meinen Nerven nicht gut und ich erschöpfe mich darin, das Eine und das Andere mitzumachen. Immerhin, wenn ich mir die einzelnen Vorzüge dieser Zuflucht aufzähle, so kommt eine große Zahl zusammen, und ich muß mich glücklich schätzen, daß ich sie habe. In meinem gegenwärtigen Zustand wäre mir jeder Ort schwer gewesen, nicht überall aber hätt ich meiner Lage so auf den Grund gehn können wie hier. Schade nur, daß mir die Natur hier fast nichts entgegenbringt, sogar das Meer läßt mich gleichgültig. Der Ort, über den sich Rainer Maria Rilke am 10. Januar 1912 in einem Brief an Lou Andreas-Salomé derartig beklagt, ist beim Dichter selten so schlecht weggekommen. Natürlich ist Duino gemeint, *die Wolke meines Wesens.* Seit seinem Besuch im April 1910 hatte sich Rilke

Die Palladio-Wendeltreppe

dort hingeträumt; *fort, fort und in der Entrückung wohnen.* Doch schon drei Monate, nachdem der Traum in Erfüllung gegangen ist, so hoffnungslos triste, ja ernüchterte Worte? Ein so undankbarer Gast und gegen die absolute Schönheit von Duino blind gewordener Schriftsteller? Obendrein einer, in dessen Innerem sich ein Werk vorzubereiten beginnt, das »nichts Geringeres als die Rühmung der Welt und des Daseins, die Zustimmung zu allem Hiesigen« (Stefan Schank) beinhaltet? Wird da der gewaltige Kraftakt, der existenzielle Schöpfungsprozess, dem Rilke ausgeliefert war, nicht verständlicher?

Im Oktober, als der Dichter in Duino eintraf, sah die Welt noch ganz anders aus. Voller Begeisterung schreibt er Hedwig Fischer, der Frau des Verlegers Samuel Fischer, um sie

über den Ort seiner momentanen Bestimmung aufzuklären. Er sei in jenem *immens ans Meer hingetürmten Schloß* gelandet, *das wie ein Vorgebirg menschlichen Daseins mit manchen seiner Fenster (darunter mit einem meinigen) in den offensten Meerraum hinaussieht, unmittelbar ins All möcht man sagen und in seine generösen, über alle hinausgehenden Schauspiele, – während innere Fenster anderen Niveaus in still eingeschlossene uralte Burghöfe blicken.* Duino war schon der richtige Platz, um Großes zu vollbringen. Vieles hier entsprach Rilkes Vorstellung einer erhabenen

Landschaft, seiner Sehnsucht nach einem Ort, an dem sich Himmel und Erde berühren, an dem eine gewaltige Natur zu ihm spricht, die aber gleichzeitig voller Spuren alter Kultur ist, Spuren, denen nachzugehen der Dichter stets als seine besondere Aufgabe angesehen hat. Geradezu ideal reiht sich Duino in Rilkes Elegienlandschaften ein, Toledo, die Provence, Avignon evozieren ähnliche Stimmungen wie Rilkes *immens ans Meer hingetürmte Schloss*. Doch wozu braucht der Dichter überhaupt die so genannte erhabene Landschaft? Wieso hat er zeit seines Lebens eine innere Abneigung gegen »Postkartenlandschaften«, wie er bloß schöne Landstriche zu nennen pflegt? Wieso können wir uns den großen Lyriker nur schwerlich schreibend zwischen oberbayrischen Wiesen und Kühen vorstellen? Die erhabene Landschaft korrespondiert mit der Art und Weise, wie Rilke die hohe lyrische Gattung Elegie thematisiert: die Rühmung des *vollzähligen Daseins*. Sie schließt nicht nur die schönen, sondern auch die schrecklichen Seiten, Leiden und Tod, mit ein.

Das Schloss, 1876

Der Herbst in Duino im Jahr 1911 verläuft in guter Stimmung. Die umsichtige Fürstin verwöhnt ihren Dichter, sie weiß genau, wie viel Konzentration und Ablenkung ihm gut tut, um die seit der Niederschrift des ›Malte‹ mit sich unzufriedene Dichterseele zu glätten und zu heilen. Mit Rücksicht auf ihren menschenscheuen Gast empfängt sie nur wenige Besucher, Rudolf Kassner, Horatio Brown, eine gewisse Gräfin V. B. und Mary C. Beglückt beobachtet sie Rilke und Kassner,

wenn sie von ihren morgendlichen Spaziergängen ins Gespräch vertieft durch den Garten zurück zum Schloss gehen, und lädt das Quartetto Triestino ein, die klaren Mondscheinnächte am Meer mit seinen Klängen zu erfüllen. *Während dieser Zeit kam oft das ›Quartetto Triestino‹ zu uns. Sie blieben den ganzen Tag und da wurde herrlich gespielt. Wie klangen Beethoven und Mozart auf der großen Terrasse, wie tönten sie weit übers Meer! Die Terrasse hatte eine ausgezeichnete Akustik, das Schloss erhob sich darüber in mächtiger Breite und wirkte wie ein guter Resonanzboden. Die Saiteninstrumente gewannen dadurch eine unglaubliche Stärke und wurden bis weit hinaus gehört. Oft erschienen Fischerbarken vom Horizont her und näherten sich lauschend unserem Felsen. Diese Terrasse bildete die Plattform eines der Befestigungstürme gegen das Meer – ein viereckiger Platz mit steinerner Brüstung, auf dem eine verwirrende Fülle von Blumen aller Art wuchs, dazwischen üppig wuchernd dichter, uralter Efeu. In der Mitte stand ein rosafarbiger Marmorbrunnen aus Venedig mit einem großen Strauch immerblühender Monatsrosen, den ich zu Ehren D'Annunzios bei einem seiner Besuche hatte pflanzen lassen. Darüber wölbte sich eine Pergola, die ausgezeichnete Muskateller Trauben trug. Alles klang vollendet zusammen.*

Die Rilke-Terrasse: links heute, oben in einer Photographie aus dem Jahr 1876

Rilke beschäftigte sich in diesem Herbst vor allem mit den ihm so lieben Kulturspuren. Täglich findet er sich im kleinen blumenübersäten Boudoir seiner Fürstin ein, um mit ihr die ›Vita nuova‹ von Dante zu übersetzen, eine Fingerübung, just for fun, denn nichts davon wurde je aufgeschrieben. Da er Inventarslisten, Nachlässe, ungeordnete Archivbestände, ja all die Dinge liebte, die nach dem gelebten Leben vergangener Generationen rochen, wühlte er sich durch das Heer von großen Kartons, alle fein säuberlich mit Schleifen zugebunden und voller Dokumente über das Haus, seine Geschichte, seine Bewohner. Marie beobachtete alles amüsiert und erfand immer wieder neue Be-

Das Arbeitszimmer des Prinzen Egon Hohenlohe-Waldenburg-Schillingsfürst, 1876

tätigungen, die dem auf die künstlerische Eingebung wartenden Freund entsprachen. Sie ließ ihn Vitrinen ordnen und neu zusammenstellen und sie erzählte ihm ausführlich von Therese, jener alten Jungfer, die mit Maries Mutter Teresa gemeinsam erzogen worden war und ihr gesamtes Leben als Gouvernante der Kinder bei ihrer viel schöneren und weniger unglücklichen Freundin verbracht hatte. Therese war sehr gebildet, beherrschte mehrere Sprachen und besaß große Literaturkenntnisse. Sie liebte die Kinder *mit der ganzen rührenden Kraft ihres vereinsamten Herzens,* eine perfekte Mischung aus Hauslehrerin und Tante. Natürlich war es nicht das, was Rilke an dieser Frau faszinierte, ihn berührte ihre unglückliche Liebesgeschichte, die, in einem winzigen chinesischen Büchlein aufgezeichnet, eines Tages in einer Schublade unter einer Menge von Papieren und Stoffresten zum Vorschein kam. Marie ließ Rilke diese geheimen und traurigen Aufzeichnungen einer unglücklich Liebenden lesen, und Rilke reihte, beeindruckt davon, ihre Geschichte neben die der großen Liebenden, der Gaspara Stampa, der Nonne Marianna Alcoforado, deren Briefe Rilke übertragen hatte, und der Louise Labé. Sie alle einte das Schicksal der nicht gelebten Liebe und just darin sah der Dichter die eigentliche, über sich selbst hinauswachsende, große Liebe, die allein er in seinen späteren Jahren zu würdigen wusste.

Und dann war da noch die Magie eines alten Lederfauteuils. In Maries Boudoir stand so ein zerschlissenes Exemplar, zu dem auch Marie seit ihrer Kindheit eine komische Zuneigung besaß. Für Rilke war dieser Sessel und ein zweiter, *ein Vetter seines kleinen Lieblingssessels*, mit dem er in das kleine Häuschen im Tiergarten des Schlosses übersiedeln wollte, irgendwann in diesem skurrilen Spurensucher-Herbst zum Inbegriff der »Aura Mystica« geworden.

So gingen die Wochen dahin, bis Marie ihren Gast schweren Herzens alleine in seinem Dichter-Sanatorium zurücklassen musste. Und sehr bald darauf begann wieder Rilkes Leidensphase. Umsorgt zwar vom braven alten Carlo, Hausdiener und Mädchen für alles, und von der auf Rilkes Anordnung vegetarisch kochenden Miss Greenham – beide schüttelten ausgiebig und wiederholt den Kopf über die Marotten des ungewöhnlichen Winterbewohners Duinos – rang Rilke bis Mitte Januar um dichterische Eingebung. Dabei verschlechterte sich seine Stimmung, festgehalten in verzweifelten Briefen an Lou Andreas-Salomé und an Victor-Emil von Gebsattel, den Psychoanalytiker seiner Frau Clara. Beinahe ist Rilke so weit, sich einer Psychoanalyse zu unterziehen, jenes *große Aufgeräumtwerden, das nicht das Leben tut, – von dieser Korrektur der ganzen bisher beschriebenen Seite leben, die ich mir dann so rot durchverbessert denke wie ein Schulheft.* Doch dann schreibt er zwischen dem 15. und dem 23. Januar das ›Marien-Leben‹, seiner Meinung nach nichts Besonderes, nur Geklimper, um seinen Verleger Kippenberg ruhig zu stellen. Eine typische »Auftaktarbeit« wird der Literaturwissenschaftler Manfred Engel das ›Marien-Leben‹ genauso wie die vor der Fertigstellung der Elegien entstandenen ›Sonette an Orpheus‹ nennen, denn immer, wenn sich große Werke bei Rilke anbahnten, hat er sich durch intensives Briefschreiben und eine »Auftaktarbeit« auf die kommende Produktionsphase eingestimmt. Auch diesmal reicht dieser Anfang, um sich von der Psychoanalyse allmählich wieder zu entfernen. *Was mich nun betrifft,* schreibt er an Lou, *so schrieb ich dir schon, daß ich, gefühlsmäßig, dieses Aufgeräumtwerden eher scheue und mir, bei meiner Natur, kaum etwas Gutes davon erwarten könnte. Etwas wie eine desinfizierte Seele kommt dabei heraus.*

Dann, am 21. Januar, erfolgt der Durchbruch. Das Warten hat sich gelohnt, Rilke hat sein *Herz-Werk* begonnen und sieht nun überhaupt keinen Grund mehr, sich analysieren zu lassen. Die *Selbstbehandlung* durch die dichterische Arbeit entspricht ihm wesentlich mehr. *Rilke erzählte mir später,* notierte Marie in ihren Erinnerungen, *wie diese Elegie entstanden war. Er ahnte nichts von dem, was sich in ihm vorbereitete. Wohl machte er in einem Brief eine Anspielung: Die Nachtigall nähere sich … Hatte er da vielleicht das Kommende gefühlt? Aber sie schien von neuem zu schweigen. Eine große Traurigkeit überfiel ihn, er begann zu glauben, daß auch dieser Winter ohne Ergebnis bleiben würde.*

Da erhielt er eines Tages in der Frühe einen lästigen geschäftlichen Brief. Er wollte ihn rasch erledigen und mußte sich mit Ziffern und anderen trockenen Dingen abgeben. Draußen blies eine heftige Bora, aber die Sonne schien, das Meer leuchtete blau, wie mit Silber übersponnen. Rilke stieg zu

den Bastionen hinunter, die, vom Meer aus nach Osten und Westen gelegen, durch einen schmalen Weg am Fuße des Schlosses verbunden waren. Die Felsen fallen dort steil, wohl an 200 Fuß tief, ins Meer herab. Rilke ging ganz in Gedanken versunken auf und ab, da die Antwort auf den Brief ihn sehr beschäftigte. Da, auf einmal, mitten in seinem Grübeln, blieb er stehen, plötzlich, denn es war ihm, als ob im Brausen des Sturmes eine Stimme ihm zugerufen hätte:

»Wer, wenn ich schriee, hörte mich denn aus der
Engel Ordnungen?« …

Lauschend blieb er stehen. »Was ist das?« flüsterte er halblaut … »was ist es, was kommt?« Er nahm sein Notizbuch, das er stets mit sich führte, und schrieb diese Worte nieder und gleich dazu noch einige Verse, die sich ohne sein Dazutun formten. Wer kam? … Er wußte es jetzt: der Gott … Sehr ruhig stieg er wieder in sein Zimmer hinauf, legte sein Notizbuch beiseite und erledigte den Geschäftsbrief. Am Abend aber war die ganze Elegie niedergeschrieben.

Rilke war fürs Erste erlöst. In schneller Folge schreibt er Ende Januar, Anfang Februar die zweite Elegie, dann die Anfänge der neunten Elegie sowie erste Ansätze zur dritten und sechsten Elegie und drei Fragmente, die später aber nicht in den Zyklus aufgenommen werden. Schon in Duino bringt er auch den Anfang der letzten, so wortgewaltigen zehnten Elegie zu Papier.

Daß ich dereinst, an dem Ausgang der grimmigen Einsicht,
Jubel und Ruhm aufsinge zustimmenden Engeln.
Daß von den klargeschlagenen Hämmern des Herzens
keiner versage an weichen, zweifelnden oder
reißenden Saiten. Daß mich mein strömendes Antlitz
glänzender mache; daß das unscheinbare Weinen
blühe. O wie werdet ihr dann, Nächte, mir lieb sein,
gehärmte. Daß ich euch knieender nicht, untröstliche Schwestern,
hinnahm, nicht in euer gelöstes
Haar mich gelöster ergab. Wir, Vergeuder der Schmerzen.
Wie wir sie absehn voraus, in die traurige Dauer,
ob sie nicht enden vielleicht. Sie aber sind ja
unser winterwähriges Laub, unser dunkeles Sinngrün,
eine der Zeiten des heimlichen Jahres –, nicht nur
Zeit –, sind Stelle, Siedelung, Lager, Boden, Wohnort.

Welch gewaltiges lyrisches Projekt. In seinen Grundzügen liegt es bereits in den Januartagen des Jahres 1912 vor ihm, das Panorama der zehn Lobgesänge und ihrer urgewaltigen Kraft. Auch ihre Einzigartigkeit als eines der größten lyrischen Werke deutschsprachi-

ger Dichtkunst wird schon in dem in Duino geschaffenen Teil der Elegien offenbar. Hofmannsthal und Kassner erkannten dies sofort, behauptete die Fürstin, als sie ihnen die erste Elegie vorlas. Hofmannsthal wird später eher Schwierigkeiten mit den Elegien haben und kurz nach Rilkes Tod schreiben, »die Elegien dann sind, glaube ich, einfach nicht gut«.

Spätestens im Juni 1914, als Rilke das Gedicht ›Wendung‹ schreibt, weiß der Dichter nun auch, was er davor schon so deutlich in Wortbildern auszudrücken vermochte. Auf das *Anschaun*, das er in den ›Neuen Gedichten‹ und im ›Malte‹ praktiziert habe, solle nun das *Herz-Werk* folgen. Und dieses *Herz-Werk* bedeutete für Rilke die Rühmung der Welt und des Daseins. Ausgerechnet dieser so unfrohe, in unzählige Leiden verstrickte Dichter sah dies als seine ureigenste schöpferische Aufgabe an.

Zehn Jahre wird »der Gott der Elegien« schweigen, bis er in Schloss Muzot im Schweizer Wallis Rilke noch einmal überkommen und durch den Dichter die Elegien beenden wird. Diesmal entstehen als Auftaktarbeit die ›Sonette an Orpheus‹. Rilke hatte auch darum so lange um sein Hauptwerk gerungen, weil er glaubte, dieses Werk könne er nicht aus sich selbst schaffen, sondern es würde ihm eingegeben. Er müsse sich bereithalten, mehr könne er nicht tun. Doch nicht nur musste er, der Autor des abgründigen ›Malte‹, seine gesamte Haltung zur Welt neu überdenken, um zu seiner eigenen poetischen Auslegung und Rechtfertigung des Seins zu gelangen. Zwischen den Anfängen der Elegien und ihrer Vollendung lag auch Europas große Krise, der Erste Weltkrieg mit seinen tragischen Jahren davor und der

Rainer Maria Rilke in Paris, 1908

von innerer Verzweiflung geprägten Zeit danach. Trotz der Erfahrung eines historischen Bruchs, des Endes eines Zeitalters, der Orientierungslosigkeit angesichts alles Kommenden und der drohenden Vorboten eines noch viel schlimmeren Krieges und viel fundamentalerer Verbrechen gegen die Menschheit, trotz all dem oder eben deshalb entwickelt Rilke seine Botschaft. Unbeirrt durch die Trostlosigkeit der Zeit donnert er seine Wahrheit in die Welt hinaus, *Hiersein ist herrlich.*

Rilke, der zeit seines Lebens ein unüberwindbares Misstrauen gegen alle religiösen Welterklärungsmodelle hegte, erfand eine private Mythopoesie voller Idealfiguren: das Kind, der Held, die Liebenden, die früh Verstorbenen, all die »vollendeten« Menschen, Repräsentanten ganzheitlichen Daseins bevölkern sein Universum. Darüber noch Rilkes Engel, die nichts mit ihren christlichen Vettern zu tun haben, sondern vielmehr Gegenbilder zum Menschen in seiner Unvollkommenheit sind und eine verabsolutierte Seelenwelt ohne Verdrängungen und Entfremdungen symbolisieren. Nur durch den Willen, das Leben zu rühmen, einschließlich allen Leids, kann das Dasein Sinn gewinnen, nicht, weil es auf ein schöneres Jenseits verweist. Außerdem ist das Leben »sinnvoll und wertvoll, nicht, weil es immer glücklich, sondern weil es immer einzigartig ist« (Stefan Schank).

Als der Dichter am 11. Februar 1922 seiner Fürstin die Vollendung der ›Duineser Elegien‹ ankündigen kann, ist er sich sicher, die entscheidende Leistung seines Genies vollbracht, seine eigentliche Aufgabe als Dichter erfüllt zu haben. Erleichtert bis zur totalen inneren Auflösung schreibt er jubelnd und im Wissen, dass auch sie seine frohe Botschaft nur unter Freudentränen aufzunehmen imstande sein würde: *Endlich, Fürstin, endlich, der gesegnete, wie gesegnete Tag, da ich Ihnen den Abschluß – so weit ich sehe – der Elegien anzeigen kann: Zehn! Von der letzten, großen: (zu dem, in Duino einst, begonnenen Anfang: »Daß ich dereinst, am Ausgang der grimmigen Einsicht, / Jubel und Ruhm aufsinge zustimmenden Engeln …«), von dieser letzten, die ja auch, damals schon, gemeint war, die letzte zu sein, – von dieser – zittert mir noch die Hand! Eben, Samstag, den elften, um sechs Uhr abends, ist sie fertig! – Alles in ein paar Tagen, es war ein namenloser Sturm, ein Orkan im Geist (wie Damals auf Duino), alles, was Faser in mir ist und Geweb, hat gekracht, – an Essen war nie zu denken, Gott weiß, wer mich genährt hat. Aber nun i s t s . Ist. Ist. Amen.*

Park mit Aufgang zum Schloss

Rittersaal, 1876

Alles ist entzaubert – der Zauber beginnt von neuem

Duino, viele Jahre später. Keine Gästebetten mit Damastbettwäsche, keine Spitzenschuhe in Vitrinen, keine Verschwesterung mit Ballerinen, Nixen und *dame bianche*, keine Diners wie am Hofe irgendeines Renaissancefürsten, kein »Plötzlicher« mehr, der die Gesetze der Wahrnehmung durcheinander bringt, und keine Gespenster, nächtliche Komplizen zur Vertreibung hysterischer Damen im mittleren Alter. Erwachsen geworden und aus den Träumen der Jugendzeit erwacht, bin ich der Schlösser- und Prinzessinnen-Romantik entflohen, die mir einst so gemäß zu sein schien. Auch Raymond von Thurn und Taxis, *il Principe della Torre e Tasso, Duca di Castel Duino*, ist tot, sein Vetter, Prinz Friedrich-Ernst von Sachsen-Altenburg, jener »Plötzliche« aus unseren Jugendtagen, ist auch nicht mehr, und für die sprechenden Papageien aus der *grotta* musste eine andere Zufluchtsstätte gefunden werden. Die alte Welt ist mit ihnen gegangen und das Leben ist prosaisch und realexistierend geworden. Waren all diese Figuren bloß Produkte meiner jugendlichen Phantasie? Fast scheint es so, denn alles ist entzaubert. Anastasia, die letzte Zarentochter, haben wir tatsächlich nur auf der Rilke-Terrasse von Duino getroffen. Und Rilkes Engel? Auch die sind mitnichten real, verdanken sie ihre Existenz doch bloß dem bedruckten Papier, der Tatsache, dass sie in die Verse eines großen Dichters hineingerutscht, dass sie zu Eckpfeilern seines poetischen Raumes, zu seinem Maßstab geworden sind, »mit dem Mensch

und Welt, mit dem die gesamte Proble-
matik des von seinen geschichtlichen
Bedingtheiten losgelösten Daseins ver-
messen wird.« (Joseph Kiermeier-Debre)

Und doch. Beginnt nicht der Zau-
ber immer wieder von neuem? Kann man
sich der Magie von Schönheit und Kultur
denn je entziehen? Kommt nicht das, was
uns in der Kindheit berührt hat, immer
wieder, nur in anderen Gewändern? Dieses Mal haben wir einen Schauspieler
nach Duino gebracht, eine berühmte österreichische Radiostimme, hochsensible
Mikrofone und Aufnahmegeräte, Rilkes
gesammelte Werke, die dreibändige Ma-
terialiensammlung zu den Elegien von
Ulrich Fülleborn und Manfred Engel, ka-
nonisches Wissen also, außerdem den
zweibändigen Briefwechsel zwischen
Marie von Thurn und Taxis und Rilke,
ihre Erinnerungen an den Dichterfreund,
Reiseführer zu Friaul und Venetien,
Wörterbücher, Schreibblöcke, Kugel-
schreiber, Reservebatterien, Kabel, Adap-
ter für italienische Steckdosen, Compu-
ter, Handys – alltäglicher aber nützlicher
Arbeitskram statt Krinolinen, Locken-
stäbe und Badeschlappen.

Unter den wohlwollenden Auspizien des neuen Besitzers, Charles von Thurn und Taxis, haben wir uns aufgemacht, Rilkes Elegien sozusagen *sur place* Gestalt annehmen zu lassen. Was, so die Arbeitshypothese, würde passieren, wenn wir die Dichtung und den Ort in ein und denselben Hörraum verlegten, die Verse am Ort ihres Ursprungs zum Klingen brächten: unten bei den Bastionen, vom Rauschen des Meeres und des Windes umgeben. Im Kreuzgang der Kapelle, wo die Ahnen ruhen und Rilkes Verse so seltsam von dem Tonnengewölbe widerhallen. Verbunden mit dem Gezwitscher der Vögel, dem Knarren des Parkettbodens im Eckzimmer, das der Dichter einst bewohnte. Wir inszenieren Hör-Szenen, kombinieren Worte mit Orten, lesen Sekundärliteratur und Briefe, diskutieren die richtige Lautstärke, den Tonfall, die lyrischen Bögen, Rilkes sprachliche Bilder und Metaphern mit ihren vielfältigen Bedeutungen. Wir üben mit dem Schauspieler

Der Schlosshof mit dem Aufgang zum Speisesaal

den vom Dichter meisterhaft eingesetzten Zeilensprung – auf Fachchinesisch *Enjambement* (Satz- und Versende fallen nicht zusammen) –, fordern klagenden, dann wieder jubelnden und schließlich kristallklaren, beherrschten und siegesgewissen Tonfall. Und dann lauschen wir den ›Duineser Elegien‹, immer wieder, in nächtlichen und täglichen Sessions.

D as Ergebnis ist mehr als ein Hörspiel für den Rundfunk. Für uns wird es zum Schlüsselerlebnis, zum geheimen Pakt mit der Kraft einer Sprache, deren Geheimnis zu lüften keinem von uns je ganz gelingen wird. Ein Initiationserlebnis, das In-Eins-Fallen von Sinnlichkeit und Abstraktion, von Intuition und intellektuellem Erfassen. Wann immer wir einander in all den Jahren danach begegnen werden, werden wir uns die Verse entgegenrezitieren, die wir auswendig können. *Wer, wenn ich schriee, hörte mich denn aus der Engel Ordnungen? – O und die Nacht, die Nacht, wenn der Wind voller Weltraum uns am Angesicht zehrt […] Ist sie den Liebenden leichter? – Ist es nicht Zeit, daß wir liebend uns vom Geliebten befrein und es bebend bestehn: wie der Pfeil die Sehne besteht, um gesammelt im Absprung mehr zu sein als er selbst. – Freilich ist es seltsam, die Erde nicht mehr zu bewohnen […] und selbst den eigenen Namen wegzulassen wie ein zerbrochenes Spielzeug. – FEIGENBAUM, seit wie lange schon ists mir bedeutend, wie du die Blüte beinah ganz überschlägst und hinein in die zeitig entschlossene Frucht, ungerühmt, drängst dein reines Geheimnis. – Siehe, ich lebe. Woraus? Weder Kindheit noch Zukunft werden weniger ..... Überzähliges Dasein entspringt mir im Herzen. – Wir, Vergeuder der Schmerzen.* Usw.

Und immer werden wir den Kopf schütteln und über uns lachen. Wer hätte gedacht, dass wir so innige Fans des am 29. Dezember 1926 verstorbenen Dichters werden würden, dass wir ihn zeitweise lieber lesen würden als die Zeitgenossen, dass er uns moderner, aktueller und zeitgeistiger erscheinen würde als so manche wirklich zu unserer Zeit gehörende Dichtkunst. Und bis heute verfolgen wir jede Rilke-Mode, jede Trivialisierungswelle, jedes Remix seiner Gedichte, rezitiert von bekannten Filmschauspielern zu Ethnopop-Klängen.

Mit Rilke war es schon immer so, von Anfang an. Kippenberg, sein Verleger, brachte im Jahr 1923 neben der gewöhnlichen Ausgabe von 10 000 Exemplaren eine limitierte Vorzugsausgabe von 300 Exemplaren auf Büttenpapier für einen begrenzten Verehrerkreis heraus. Rilkes ›Duineser Elegien‹ haben die Leser zu keiner Zeit kalt gelassen. Von Beginn an gab es Wellen enthusiastischer Bewunderung und tiefer Ablehnung. Von den einen wurden der Dichter und seine Verse vereinnahmt, als Religionsersatz, Psychotherapie, prophetische Zukunftsdeutung, Heilsverkündung, Existenzphilosophie im Sinne Heideggers. Die anderen konnten mit seiner Dichtung nichts anfangen, fanden keinen Zugang zu Rilkes Themen, hielten das Ganze für »die heilloseste Geschwätzigkeit, ein unendlich süßes Geriesel der seltensten Worte und Wendungen« (Albrecht Schaeffer, 1924). Die literarische Avantgarde der 60er Jahre befand: »Rilke, wer ist das? Rilke gibt es nicht! Rilke, das ist passé. Das ist 19. Jahrhundert. Das ist der Traum von einer heilen Welt. [...] 1966 ist Rilke vom Einfluss auf die Moderne weiter entfernt als Erich Kästner vom Nobelpreis. Was ich übrigens schade finde.« (Horst Bingel, 1966) Oder Friederike Mayröcker: »Rilkes Sprache hat auf mich während der Jahre 1945/46 maßgebenden Einfluss ausgeübt. Das hat sich aber bald verloren ...« Und schließlich zu seinem 100. Geburtstag im Jahr 1975 Wolf Wondratschek in seiner unvergleichlich schnoddrigen Art: »In Prag traf ich einen alten Literaten, der Rilke pissen sah, mit weißen Handschuhen, neben ihm

Das Schloss Duino, Lithographie um 1880

Werfel, dem er die neuesten Verse vortrug. Sicher, Rilke ist in München nicht über Brechts Zigarren gestolpert, sondern im Rosenbeet über Regentropfen. Sicher, er war nicht in der ›Morgue‹, nein, er ging frühmorgens im Jardin du Luxembourg spazieren. Aber er schrieb ein paar verdammt gute Gedichte. Und die werden weitere hundert Jahre überdauern.« Damals, 1975, begann wieder einmal eine neue Rilke-Welle anzuheben und Marcel Reich-Ranicki orakelte: »Eine Rilke-Renaissance wäre erfreulich und nützlich, doch eine Rilke-Mode belanglos und lächerlich, ein Rilke-Kult überflüssig und ärgerlich, eine Rilke-Theologie schädlich und gefährlich.« All das Beschworene ereignete sich in der Folge, wie könnte es anders sein, inklusive der Rilke-Theologie und -Therapie. Vor allem aber gibt es seit damals eine nicht mehr unterbrochene Rilke-Renaissance, die sich nicht nur dadurch äußert, dass man Rilke-Gesamtausgaben in Buchhandlungen gleich neben der Kasse, zwischen den Ratgebern von Jogging-Papst Ulrich Strunz und dem letzten Harry-Potter-Band finden kann. Doch fern von allen Rilke-Moden gilt schlicht, was Klaus Mann schon 1927 bekannte: »Seit Wochen lese ich täglich in den ›Sonetten an Orpheus‹ und in den ›Duineser Elegien‹, das heißt, ich lese nicht eigentlich in ihnen, wie man wohl sonst in Büchern liest, ich nehme nur von den beiden dünnen Bändchen jeden Tag eines zur Hand und spreche vor mich hin ein paar von den Gedichten, die ich auswendig weiß, so wie jemand sich jeden Tag ans Klavier setzt und ein geliebtes Musikstück immer wieder spielt oder ein Stückchen Melodie singt, das schöner wird, je öfter man es hört.« Bilder an der Grenze des Sagbaren, Töne von so seltsamem emotionalen Gehalt, dass sie für den Rest des Lebens zum Begleiter werden. »Der Mann ist eine Droge«, hat sich irgendwann einmal eine Literaturwissenschaftlerin zu einer ganz un-wissenschaftlichen, mitnichten aber unrichtigen Aussage hinreißen lassen. Wie gut, dass es solche Drogen gibt und wir normalsterblichen Leser ihnen verfallen dürfen. Duino, Rilke, die Verzauberung lebt.

Rainer Maria Rilke

Die Elegien

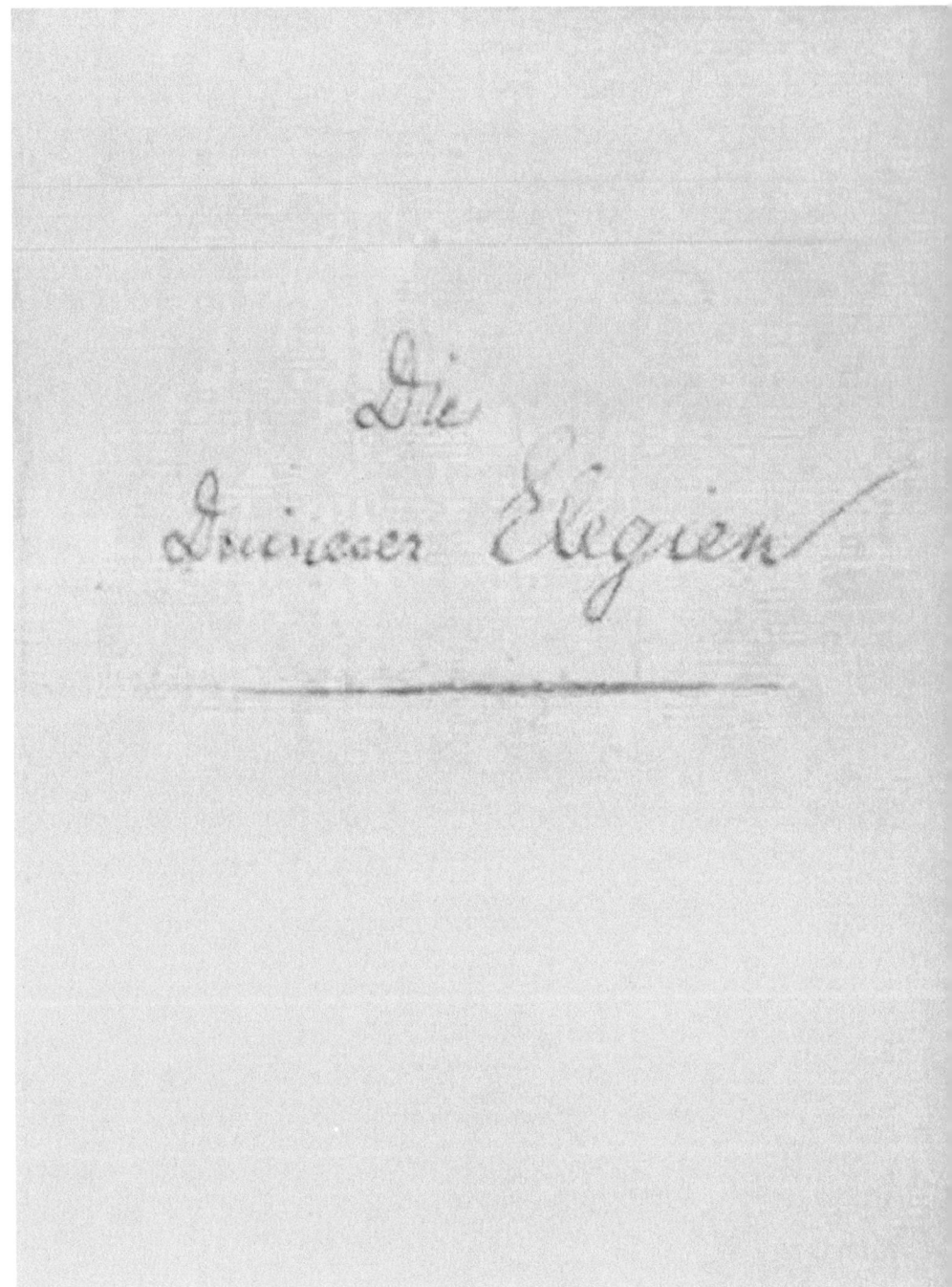

Autograph der Widmung, Originalabschrift der Elegien von Rilke für Marie von Thurn und
Taxis-Hohenlohe, im August 1922 der Fürstin zugeeignet; Archivio di Stato di Trieste.

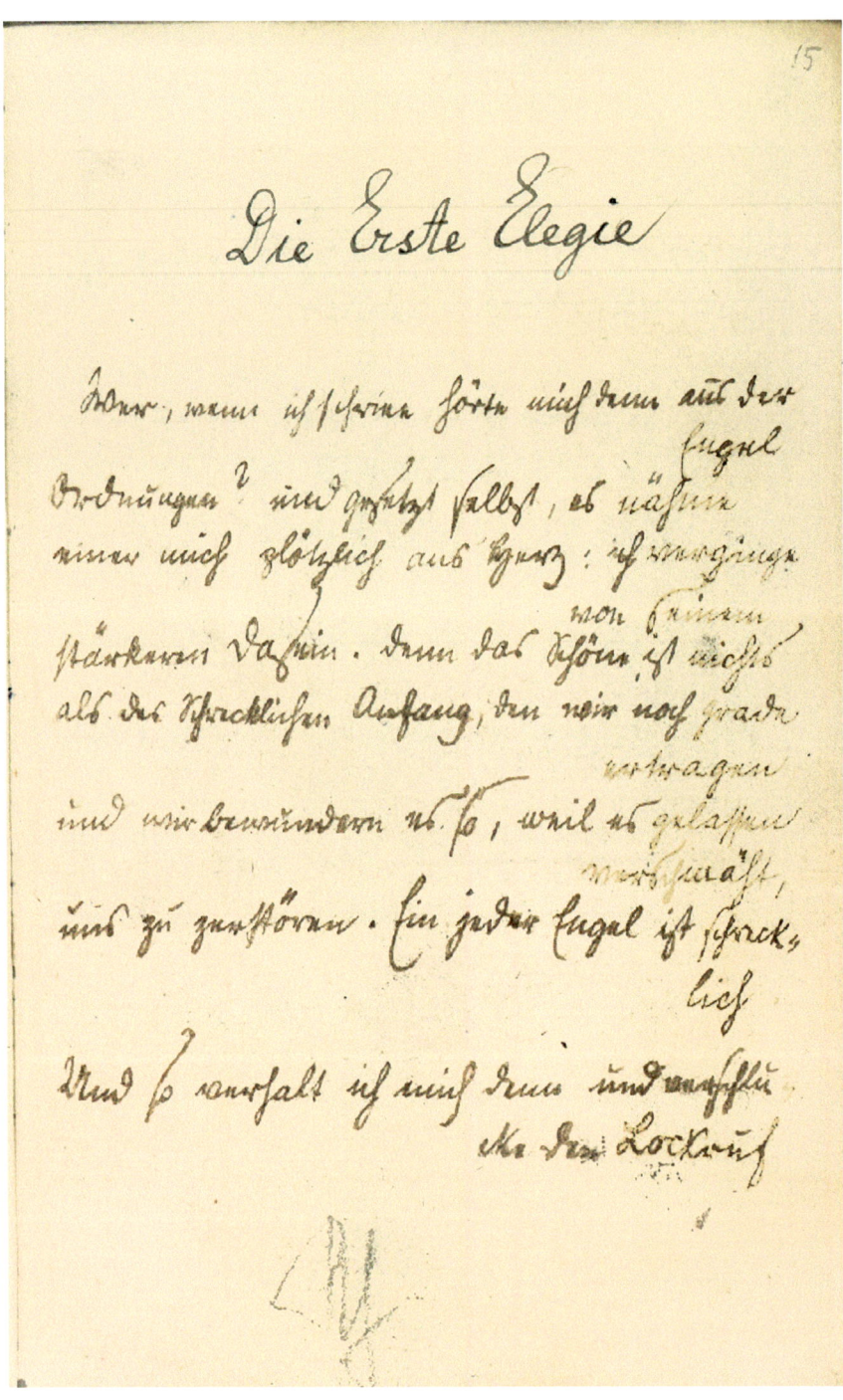

Die erste Elegie: Niedergeschrieben am 21. Januar 1912 in Duino

Die erste Elegie

Wer, wenn ich schriee, hörte mich denn aus der Engel
Ordnungen? und gesetzt selbst, es nähme
einer mich plötzlich ans Herz: ich verginge von seinem
stärkeren Dasein. Denn das Schöne ist nichts
als des Schrecklichen Anfang, den wir noch grade ertragen,
und wir bewundern es so, weil es gelassen verschmäht,
uns zu zerstören. Ein jeder Engel ist schrecklich.
Und so verhalt ich mich denn und verschlucke den Lockruf
dunkelen Schluchzens. Ach, wen vermögen
wir denn zu brauchen? Engel nicht, Menschen nicht,
und die findigen Tiere merken es schon,
daß wir nicht sehr verläßlich zu Haus sind
in der gedeuteten Welt. Es bleibt uns vielleicht
irgendein Baum an dem Abhang, daß wir ihn täglich
wiedersähen; es bleibt uns die Straße von gestern
und das verzogene Treusein einer Gewohnheit,
der es bei uns gefiel, und so blieb sie und ging nicht.
O und die Nacht, die Nacht, wenn der Wind voller Weltraum
uns am Angesicht zehrt –, wem bliebe sie nicht, die ersehnte,
sanft enttäuschende, welche dem einzelnen Herzen
mühsam bevorsteht. Ist sie den Liebenden leichter?

Der Nachdruck des Textes folgt der Erstausgabe von 1923,
nicht der handschriftlichen Fassung

Ach, sie verdecken sich nur miteinander ihr Los.
Weißt du's n o c h nicht? Wirf aus den Armen die Leere
zu den Räumen hinzu, die wir atmen; vielleicht daß die Vögel
die erweiterte Luft fühlen mit innigerm Flug.

Ja, die Frühlinge brauchten dich wohl. Es muteten manche
Sterne dir zu, daß du sie spürtest. Es hob
sich eine Woge heran im Vergangenen, oder
da du vorüberkamst am geöffneten Fenster,
gab eine Geige sich hin. Das alles war Auftrag.
Aber bewältigtest du's? Warst du nicht immer
noch von Erwartung zerstreut, als kündigte alles
eine Geliebte dir an? (Wo willst du sie bergen,
da doch die großen fremden Gedanken bei dir
aus und ein gehn und öfters bleiben bei Nacht.)
Sehnt es dich aber, so singe die Liebenden; lange
noch nicht unsterblich genug ist ihr berühmtes Gefühl.
Jene, du neidest sie fast, Verlassenen, die du
so viel liebender fandst als die Gestillten. Beginn'
immer von neuem die nie zu erreichende Preisung;
denk: es erhält sich der Held, selbst der Untergang war ihm
nur ein Vorwand, zu sein: seine letzte Geburt.
Aber die Liebenden nimmt die erschöpfte Natur
in sich zurück, als wären nicht zweimal die Kräfte,
dieses zu leisten. Hast du der Gaspara Stampa
denn genügend gedacht, daß irgendein Mädchen,
dem der Geliebte entging, am gesteigerten Beispiel
dieser Liebenden fühlt: daß ich würde wie sie?
Sollen nicht endlich uns diese ältesten Schmerzen
fruchtbarer werden? Ist es nicht Zeit, daß wir liebend
uns vom Geliebten befrein und es bebend bestehn:
wie der Pfeil die Sehne besteht, um gesammelt im Absprung
mehr zu sein als er selbst. Denn Bleiben ist nirgends.

Stimmen, Stimmen. Höre, mein Herz, wie sonst nur
Heilige hörten: daß sie der riesige Ruf
aufhob vom Boden; sie aber knieten,
Unmögliche, weiter und achtetens nicht:
so waren sie hörend. Nicht daß du Gottes ertrügest
die Stimme, bei weitem. Aber das Wehende höre,
die ununterbrochene Nachricht, die aus Stille sich bildet.
Es rauscht jetzt von jenen jungen Toten zu dir.
Wo immer du eintratst, redete nicht in Kirchen
zu Rom und Neapel ruhig ihr Schicksal dich an?
Oder es trug eine Inschrift sich erhaben dir auf,
wie neulich die Tafel in Santa Maria Formosa.
Was sie mir wollen? Leise soll ich des Unrechts
Anschein abtun, der ihrer Geister
reine Bewegung manchmal ein wenig behindert.

Freilich ist es seltsam, die Erde nicht mehr zu bewohnen,
kaum erlernte Gebräuche nicht mehr zu üben,
Rosen, und andern eigens versprechenden Dingen
nicht die Bedeutung menschlicher Zukunft zu geben;
das, was man war in unendlich ängstlichen Händen,
nicht mehr zu sein, und selbst den eigenen Namen
wegzulassen wie ein zerbrochenes Spielzeug.
Seltsam, die Wünsche nicht weiterzuwünschen. Seltsam,
alles, was sich bezog, so lose im Raume
flattern zu sehen. Und das Totsein ist mühsam
und voller Nachholn, daß man allmählich ein wenig
Ewigkeit spürt. – Aber Lebendige machen
alle den Fehler, daß sie zu stark unterscheiden.
Engel (sagt man) wüßten oft nicht, ob sie unter
Lebenden gehn oder Toten. Die ewige Strömung
reißt durch beide Bereiche alle Alter
immer mit sich und übertönt sie in beiden.

Schließlich brauchen sie uns nicht mehr, die Früheentrückten,
man entwöhnt sich des Irdischen sanft, wie man den Brüsten
milde der Mutter entwächst. Aber wir, die so große
Geheimnisse brauchen, denen aus Trauer so oft
seliger Fortschritt entspringt –: k ö n n t e n wir sein ohne sie?
Ist die Sage umsonst, daß einst in der Klage um Linos
wagende erste Musik dürre Erstarrung durchdrang,
daß erst im erschrockenen Raum, dem ein beinah göttlicher Jüngling
plötzlich für immer enttrat, das Leere in jene
Schwingung geriet, die uns jetzt hinreißt und tröstet und hilft.

Die Zweite Elegie

Jeder Engel ist schrecklich. Und dennoch,
weh mir,
ansing ich euch, fast tödliche Vögel der
Seele,
wissend um euch. Wohin sind die Tage
Tobiae
da der Strahlendsten einer stand an der
einfachen Haustür,
zur Reise ein wenig verkleidet und schon
nicht mehr furchtbar;
(Jüngling dem Jüngling, wie er neugierig
weg hinaus sah).

Die zweite Elegie: Duino, Ende Januar/Anfang Februar 1912

Die zweite Elegie

Jeder Engel ist schrecklich. Und dennoch, weh mir,
ansing ich euch, fast tödliche Vögel der Seele,
wissend um euch. Wohin sind die Tage Tobiae,
da der Strahlendsten einer stand an der einfachen Haustür,
zur Reise ein wenig verkleidet und schon nicht mehr furchtbar;
(Jüngling dem Jüngling, wie er neugierig hinaussah).
Träte der Erzengel jetzt, der gefährliche, hinter den Sternen
eines Schrittes nur nieder und herwärts: hochauf-
schlagend erschlüg uns das eigene Herz. Wer seid ihr?

Frühe Geglückte, ihr Verwöhnten der Schöpfung,
Höhenzüge, morgenrötliche Grate
aller Erschaffung, – Pollen der blühenden Gottheit,
Gelenke des Lichtes, Gänge, Treppen, Throne,
Räume aus Wesen, Schilde aus Wonne, Tumulte
stürmisch entzückten Gefühls und plötzlich, einzeln,
Spiegel, die die entströmte eigene Schönheit
wiederschöpfen zurück in das eigene Antlitz.

Denn wir, wo wir fühlen, verflüchtigen; ach wir
atmen uns aus und dahin; von Holzglut zu Holzglut
geben wir schwächern Geruch. Da sagt uns wohl einer:
ja, du gehst mir ins Blut, dieses Zimmer, der Frühling

füllt sich mit dir ... Was hilfts, er kann uns nicht halten,
wir schwinden in ihm und um ihn. Und jene, die schön sind,
o wer hält sie zurück? Unaufhörlich steht Anschein
auf in ihrem Gesicht und geht fort. Wie Tau von dem Frühgras
hebt sich das Unsre von uns, wie die Hitze von einem
heißen Gericht. O Lächeln, wohin? O Aufschaun:
neue, warme, entgehende Welle des Herzens –;
weh mir: wir s i n d s doch. Schmeckt denn der Weltraum,
in den wir uns lösen, nach uns? Fangen die Engel
wirklich nur Ihriges auf, ihnen Entströmtes,
oder ist manchmal, wie aus Versehen, ein wenig
unseres Wesens dabei? Sind wir in ihre
Züge soviel nur gemischt wie das Vage in die Gesichter
schwangerer Frauen? Sie merken es nicht in dem Wirbel
ihrer Rückkehr zu sich. (Wie sollten sie's merken.)

Liebende könnten, verstünden sie's, in der Nachtluft
wunderlich reden. Denn es scheint, daß uns alles
verheimlicht. Siehe, die Bäume sind; die Häuser,
die wir bewohnen, bestehn noch. Wir nur
ziehen allem vorbei wie ein luftiger Austausch.
Und alles ist einig, uns zu verschweigen, halb als
Schande vielleicht und halb als unsägliche Hoffnung.

Liebende, euch, ihr ineinander Genügten,
frag ich nach uns. Ihr greift euch. Habt ihr Beweise?
Seht, mir geschiehts, daß meine Hände einander
inne werden oder daß mein gebrauchtes
Gesicht in ihnen sich schont. Das gibt mir ein wenig
Empfindung. Doch wer wagte darum schon zu sein?
Ihr aber, die ihr im Entzücken des andern
zunehmt, bis er euch überwältigt

anfleht: nicht mehr –; die ihr unter den Händen
euch reichlicher werdet wie Traubenjahre;
die ihr manchmal vergeht, nur weil der andre
ganz überhandnimmt: euch frag ich nach uns. Ich weiß,
ihr berührt euch so selig, weil die Liebkosung verhält,
weil die Stelle nicht schwindet, die ihr, Zärtliche,
zudeckt; weil ihr darunter das reine
Dauern verspürt. So versprecht ihr euch Ewigkeit fast
von der Umarmung. Und doch, wenn ihr der ersten
Blicke Schrecken besteht und die Sehnsucht am Fenster
und den ersten gemeinsamen Gang, e i n m a l durch den Garten:
Liebende, seid ihrs dann noch? Wenn ihr einer dem andern
euch an den Mund hebt und ansetzt –: Getränk an Getränk:
o wie entgeht dann der Trinkende seltsam der Handlung.

Erstaunte euch nicht auf attischen Stelen die Vorsicht
menschlicher Geste? war nicht Liebe und Abschied
so leicht auf die Schultern gelegt, als wär es aus anderm
Stoffe gemacht als bei uns? Gedenkt euch der Hände,
wie sie drucklos beruhen, obwohl in den Torsen die Kraft steht.
Diese Beherrschten wußten damit: so weit sind wirs,
dieses ist unser, uns so zu berühren; stärker
stemmen die Götter uns an. Doch dies ist Sache der Götter.
Fänden auch wir ein reines, verhaltenes, schmales
Menschliches, einen unseren Streifen Fruchtlands
zwischen Strom und Gestein. Denn das eigene Herz übersteigt uns
noch immer wie jene. Und wir können ihm nicht mehr
nachschaun in Bilder, die es besänftigen, noch in
göttliche Körper, in denen es größer sich mäßigt.

Die dritte Elegie: Anfang 1912 auf Duino begonnen; erweitert und vervollständigt im Spätherbst 1913, Paris

Die dritte Elegie

Eines ist, die Geliebte zu singen. Ein anderes, wehe,
jenen verborgenen schuldigen Fluß-Gott des Bluts.
Den sie von weitem erkennt, ihren Jüngling, was weiß er
selbst von dem Herren der Lust, der aus dem Einsamen oft,
ehe das Mädchen noch linderte, oft auch als wäre sie nicht,
ach, von welchem Unkenntlichen triefend, das Gotthaupt
aufhob, aufrufend die Nacht zu unendlichem Aufruhr.
O des Blutes Neptun, o sein furchtbarer Dreizack.
O der dunkele Wind seiner Brust aus gewundener Muschel.
Horch, wie die Nacht sich muldet und höhlt. Ihr Sterne,
stammt nicht von euch des Liebenden Lust zu dem Antlitz
seiner Geliebten? Hat er die innige Einsicht
in ihr reines Gesicht nicht aus dem reinen Gestirn?

Du nicht hast ihm, wehe, nicht seine Mutter
hat ihm die Bogen der Brau'n so zur Erwartung gespannt.
Nicht an dir, ihn fühlendes Mädchen, an dir nicht
bog seine Lippe sich zum fruchtbarern Ausdruck.
Meinst du wirklich, ihn hätte dein leichter Auftritt
also erschüttert, du, die wandelt wie Frühwind?
Zwar du erschrakst ihm das Herz; doch ältere Schrecken
stürzten in ihn bei dem berührenden Anstoß.
Ruf ihn … du rufst ihn nicht ganz aus dunkelem Umgang.
Freilich, er w i l l, er entspringt; erleichtert gewöhnt er

sich in dein heimliches Herz und nimmt und beginnt sich.
Aber begann er sich je?
Mutter, du machtest ihn klein, du warsts, die ihn anfing;
dir war er neu, du beugtest über die neuen
Augen die freundliche Welt und wehrtest der fremden.
Wo, ach, hin sind die Jahre, da du ihm einfach
mit der schlanken Gestalt wallendes Chaos vertratst?
Vieles verbargst du ihm so; das nächtlich verdächtige Zimmer
machtest du harmlos, aus deinem Herzen voll Zuflucht
mischtest du menschlichern Raum seinem Nacht-Raum hinzu.
Nicht in die Finsternis, nein, in dein näheres Dasein
hast du das Nachtlicht gestellt, und es schien wie aus Freundschaft.
Nirgends ein Knistern, das du nicht lächelnd erklärtest,
so als wüßtest du längst, w a n n sich die Diele benimmt ...
Und er horchte und linderte sich. So vieles vermochte
zärtlich dein Aufstehn; hinter den Schrank trat
hoch im Mantel sein Schicksal, und in die Falten des Vorhangs
paßte, die leicht sich verschob, seine unruhige Zukunft.

Und er selbst, wie er lag, der Erleichterte, unter
schläfernden Lidern deiner leichten Gestaltung
Süße lösend in den gekosteten Vorschlaf –:
schien ein Gehüteter ... Aber innen: wer wehrte,
hinderte innen in ihm die Fluten der Herkunft?
Ach, da war keine Vorsicht im Schlafenden; schlafend,
aber träumend, aber in Fiebern: wie er sich einließ.
Er, der Neue, Scheuende, wie er verstrickt war,
mit des innern Geschehns weiterschlagenden Ranken
schon zu Mustern verschlungen, zu würgendem Wachstum,
                                                    zu tierhaft
jagenden Formen. Wie er sich hingab –. Liebte.
Liebte sein Inneres, seines Inneren Wildnis,
diesen Urwald in ihm, auf dessen stummem Gestürztsein

lichtgrün sein Herz stand. Liebte. Verließ es, ging die
eigenen Wurzeln hinaus in gewaltigen Ursprung,
wo seine kleine Geburt schon überlebt war. Liebend
stieg er hinab in das ältere Blut, in die Schluchten,
wo das Furchtbare lag, noch satt von den Vätern. Und jedes
Schreckliche kannte ihn, blinzelte, war wie verständigt.
Ja, das Entsetzliche lächelte … Selten
hast du so zärtlich gelächelt, Mutter. Wie sollte
er es nicht lieben, da es ihm lächelte. Vor dir
hat ers geliebt, denn, da du ihn trugst schon,
war es im Wasser gelöst, das den Keimenden leicht macht.
Siehe, wir lieben nicht, wie die Blumen, aus einem
einzigen Jahr; uns steigt, wo wir lieben,
unvordenklicher Saft in die Arme. O Mädchen,
dies: daß wir liebten i n uns, nicht Eines, ein Künftiges, sondern
das zahllos Brauende; nicht ein einzelnes Kind,
sondern die Väter, die wie Trümmer Gebirgs
uns im Grunde beruhn; sondern das trockene Flußbett
einstiger Mütter –; sondern die ganze
lautlose Landschaft unter dem wolkigen oder
reinen Verhängnis –: d i e s kam dir, Mädchen, zuvor.

Und du selber, was weißt du –, du locktest
Vorzeit empor in dem Liebenden. Welche Gefühle
wühlten herauf aus entwandelten Wesen. Welche
Frauen haßten dich da. Was für finstere Männer
regtest du auf im Geäder des Jünglings? Tote
Kinder wollten zu dir … O leise, leise,
tu ein liebes vor ihm, ein verläßliches Tagwerk, – führ ihn
nah an den Garten heran, gib ihm der Nächte
Übergewicht ……
          Verhalt ihn ……

Die Vierte Elegie

O Bäume Lebens, o wann winterlich?
Wir sind nicht einig. Sind nicht wie die Zug-
vögel verständigt. Überholt und spät,
so drängen wir uns plötzlich Winden auf
und fallen ein auf teilnahmslosen Teich.
Blühn und verdorrn ist uns zugleich bewußt.
Und irgendwo gehn Löwen noch und wissen,
solang sie herrlich sind, von keiner Ohnmacht.

Uns aber, wo wir Eines meinen, ganz,
ist schon des andern Aufwand fühlbar. Feindschaft
ist uns das Nächste. — Treten Liebende
nicht immerfort an Ränder, eins im andern

Die vierte Elegie: München, 22. und 23. November 1915

Die vierte Elegie

O Bäume Lebens, o wann winterlich?
Wir sind nicht einig. Sind nicht wie die Zug-
vögel verständigt. Überholt und spät,
so drängen wir uns plötzlich Winden auf
und fallen ein auf teilnahmslosen Teich.
Blühn und verdorrn ist uns zugleich bewußt.
Und irgendwo gehn Löwen noch und wissen,
solang sie herrlich sind, von keiner Ohnmacht.

Uns aber, wo wir eines meinen ganz,
ist schon des andern Aufwand fühlbar. Feindschaft
ist uns das Nächste. Treten Liebende
nicht immerfort an Ränder, eins im andern,
die sich versprachen Weite, Jagd und Heimat.
Da wird für eines Augenblickes Zeichnung
ein Grund von Gegenteil bereitet, mühsam,
daß wir sie sähen; denn man ist sehr deutlich
mit uns. Wir kennen den Kontur
des Fühlens nicht, nur was ihn formt von außen.
Wer saß nicht bang vor seines Herzens Vorhang?
Der schlug sich auf: die Szenerie war Abschied.
Leicht zu verstehen. Der bekannte Garten,
und schwankte leise: dann erst kam der Tänzer.
Nicht d e r. Genug. Und wenn er auch so leicht tut,

er ist verkleidet, und er wird ein Bürger
und geht durch seine Küche in die Wohnung.
Ich will nicht diese halbgefüllten Masken,
lieber die Puppe. Die ist voll. Ich will
den Balg aushalten und den Draht und ihr
Gesicht aus Aussehn. Hier. Ich bin davor.
Wenn auch die Lampen ausgehn, wenn mir auch
gesagt wird: Nichts mehr –, wenn auch von der Bühne
das Leere herkommt mit dem grauen Luftzug,
wenn auch von meinen stillen Vorfahrn keiner
mehr mit mir dasitzt, keine Frau, sogar
der Knabe nicht mehr mit dem braunen Schielaug:
Ich bleibe dennoch. Es gibt immer Zuschaun.

Hab ich nicht recht? Du, der um mich so bitter
das Leben schmeckte, meines kostend, Vater,
den ersten trüben Aufguß meines Müssens,
da ich heranwuchs, immer wieder kostend
und, mit dem Nachgeschmack so fremder Zukunft
beschäftigt, prüftest mein beschlagnes Aufschaun, –
der du, mein Vater, seit du tot bist, oft
in meiner Hoffnung innen in mir Angst hast,
und Gleichmut, wie ihn Tote haben, Reiche
von Gleichmut, aufgibst für mein bißchen Schicksal,
hab ich nicht recht? Und ihr, hab ich nicht recht,
die ihr mich liebtet für den kleinen Anfang
Liebe zu euch, von dem ich immer abkam,
weil mir der Raum in eurem Angesicht,
da ich ihn liebte, überging in Weltraum,
in dem ihr nicht mehr wart ... Wenn mir zumut ist,
zu warten vor der Puppenbühne, nein,
so völlig hinzuschaun, daß, um mein Schauen
am Ende aufzuwiegen, dort als Spieler

ein Engel hinmuß, der die Bälge hochreißt.
Engel und Puppe: dann ist endlich Schauspiel.
Dann kommt zusammen, was wir immerfort
entzwein, indem wir da sind. Dann entsteht
aus unsern Jahreszeiten erst der Umkreis
des ganzen Wandelns. Über uns hinüber
spielt dann der Engel. Sieh, die Sterbenden,
sollten sie nicht vermuten, wie voll Vorwand
das alles ist, was wir hier leisten. Alles
ist nicht es selbst. O Stunden in der Kindheit,
da hinter den Figuren mehr als nur
Vergangnes war und vor uns nicht die Zukunft.
Wir wuchsen freilich, und wir drängten manchmal,
bald groß zu werden, denen halb zulieb,
die andres nicht mehr hatten als das Großsein.
Und waren doch in unserem Alleingehn
mit Dauerndem vergnügt und standen da
im Zwischenraume zwischen Welt und Spielzeug,
an einer Stelle, die seit Anbeginn
gegründet war für einen reinen Vorgang.

Wer zeigt ein Kind, so wie es steht? Wer stellt
es ins Gestirn und gibt das Maß des Abstands
ihm in die Hand? Wer macht den Kindertod
aus grauem Brot, das hart wird, – oder läßt
ihn drin im runden Mund so wie den Gröps
von einem schönen Apfel? ...... Mörder sind
leicht einzusehen. Aber dies: den Tod,
den ganzen Tod, noch vor dem Leben so
sanft zu enthalten und nicht bös zu sein,
ist unbeschreiblich.

Nachtrag:

Die Fünfte Elegie
(Saltimbanques)

Wer aber sind sie, sag mir, die Fahrenden,
diese ein wenig
Flüchtigern noch als wir selbst, die dringend
von früh an
wringt ein Wem – wem zuliebe
niemals zufriedener Wille? Sondern er
wringt sie,
biegt sie, schlingt sie und schwingt sie,
wirft sie und fängt sie zurück; wie aus
geölter
glatterer Luft kommen sie nieder
auf dem verzehrten, von ihrem eigenen
Aufsprung dünneren Teppich, diesem verlorenen
Teppich im Weltall.

Die fünfte Elegie: Château de Muzot, 14. Februar 1922

Die fünfte Elegie

Frau Hertha Koenig zugeeignet

Wer aber sind sie, sag mir, die Fahrenden, diese ein wenig
Flüchtigern noch als wir selbst, die dringend von früh an
wringt ein wem – wem zuliebe
niemals zufriedener Wille? Sondern er wringt sie,
biegt sie, schlingt sie und schwingt sie,
wirft sie und fängt sie zurück; wie aus geölter,
glatterer Luft kommen sie nieder
auf dem verzehrten, von ihrem ewigen
Aufsprung dünneren Teppich, diesem verlorenen
Teppich im Weltall.
Aufgelegt wie ein Pflaster, als hätte der Vorstadt-
Himmel der Erde dort wehegetan.
                              Und kaum dort,
aufrecht, da und gezeigt: des Dastehns
großer Anfangsbuchstab … , schon auch, die stärksten
Männer, rollt sie wieder, zum Scherz, der immer
kommende Griff, wie August der Starke bei Tisch
einen zinnenen Teller.
Ach und um diese
Mitte, die Rose des Zuschauns:
blüht und entblättert. Um diesen
Stampfer, den Stempel, den von dem eignen
blühenden Staub getroffnen, zur Scheinfrucht
wieder der Unlust befruchteten, ihrer

niemals bewußten, – glänzend mit dünnster
Oberfläche leicht scheinlächelnden Unlust.

Da, der welke, faltige Stemmer,
der alte, der nur noch trommelt,
eingegangen in seiner gewaltigen Haut, als hätte sie früher
z w e i Männer enthalten, und einer
läge nun schon auf dem Kirchhof, und er überlebte den andern,
taub und manchmal ein wenig
wirr, in der verwitweten Haut.

Aber der junge, der Mann, als wär er der Sohn eines Nackens
und einer Nonne: prall und strammig erfüllt
mit Muskeln und Einfalt.

O ihr,
die ein Leid, das noch klein war,
einst als Spielzeug bekam, in einer seiner
langen Genesungen ......
Du, der mit dem Aufschlag,
wie nur Früchte ihn kennen, unreif
täglich hundert Mal abfällt vom Baum der gemeinsam
erbauten Bewegung, (der, rascher als Wasser, in wenig
Minuten Lenz, Sommer und Herbst hat) –
abfällt und anprallt ans Grab:
manchmal, in halber Pause, will dir ein liebes
Antlitz entstehn hinüber zu deiner selten
zärtlichen Mutter; doch an deinen Körper verliert sich,
der es flächig verbraucht, das schüchtern
kaum versuchte Gesicht ... Und wieder
klatscht der Mann in die Hand zu dem Ansprung, und eh dir

jemals ein Schmerz deutlicher wird in der Nähe des immer
trabenden Herzens, kommt das Brennen der Fußsohln
ihm, seinem Ursprung, zuvor mit ein paar dir
rasch in die Augen gejagten leiblichen Tränen.
Und dennoch, blindlings,
das Lächeln .....

Engel! o nimms, pflücks, das kleinblütige Heilkraut.
Schaff eine Vase, verwahrs! Stells unter jene, uns noch nicht
offenen Freuden; in lieblicher Urne
rühms mit blumiger, schwungiger Aufschrift:
                              »Subrisio Saltat«.
Du dann, Liebliche,
du, von den reizendsten Freuden
stumm Übersprungne. Vielleicht sind
deine Fransen glücklich für dich –,
oder über den jungen
prallen Brüsten die grüne metallene Seide
fühlt sich unendlich verwöhnt und entbehrt nichts.
Du, auf alle des Gleichgewichts schwankende Wagen [Waagen]
immerfort anders
hingelegte Marktfrucht des Gleichmuts,
öffentlich unter den Schultern.

Wo, o wo ist der Ort, – ich trag ihn im Herzen –,
wo sie noch lange nicht k o n n t e n , noch voneinander
abfieln, wie sich bespringende, nicht recht
paarige Tiere; –
wo die Gewichte noch schwer sind;
wo noch von ihren vergeblich
wirbelnden Stäben die Teller
torkeln ......

Und plötzlich in diesem mühsamen Nirgends, plötzlich
die unsägliche Stelle, wo sich das reine Zuwenig
unbegreiflich verwandelt –, umspringt
in jenes leere Zuviel.
Wo die vielstellige Rechnung
zahlenlos aufgeht.

Plätze, o Platz in Paris, unendlicher Schauplatz,
wo die Modistin, Madame Lamort,
die ruhlosen Wege der Erde, endlose Bänder,
schlingt und windet und neue aus ihnen
Schleifen erfindet, Rüschen, Blumen, Kokarden, künstliche
                                          Früchte –, alle
unwahr gefärbt, – für die billigen
Winterhüte des Schicksals.
. . . .

Engel: es wäre ein Platz, den wir nicht wissen, und dorten,
auf unsäglichem Teppich, zeigten die Liebenden, die's hier
bis zum Können nie bringen, ihre kühnen
hohen Figuren des Herzschwungs,
ihre Türme aus Lust, ihre
längst, wo Boden nie war, nur aneinander
lehnenden Leitern, bebend, – und k ö n n t e n s ,
vor den Zuschauern rings, unzähligen lautlosen Toten:
Würfen die dann ihre letzten, immer ersparten,
immer verborgenen, die wir nicht kennen, ewig
gültigen Münzen des Glücks vor das endlich
wahrhaft lächelnde Paar auf gestilltem
Teppich?

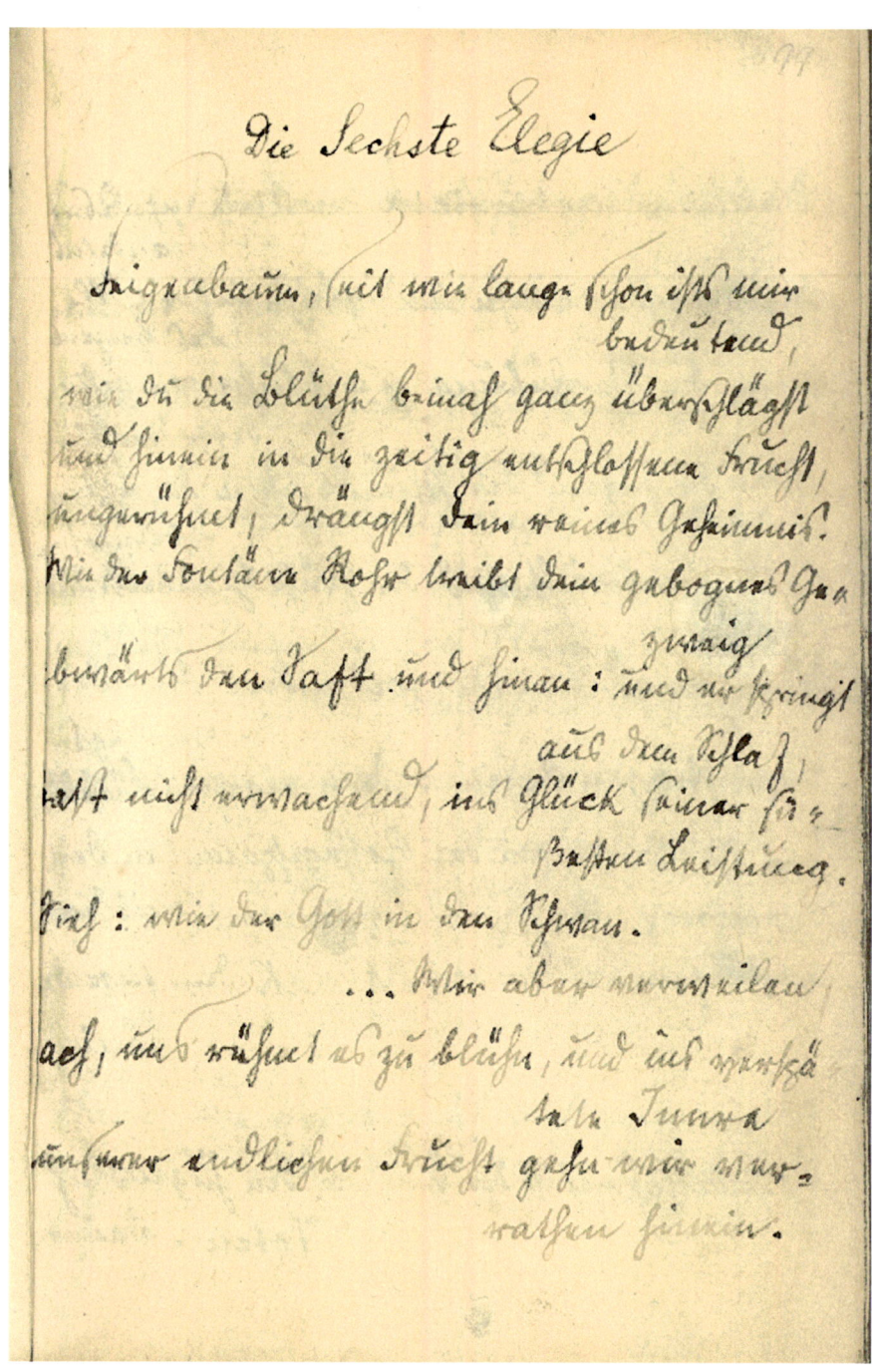

Die sechste Elegie: Erster Ansatz: Februar/ März 1912, Duino. Vers 1–31: Januar/Februar 1913, Ronda. Vers 42–44: Spätherbst 1913, Paris. Vers 32–41: 9. Februar 1922, Château de Muzot

Die sechste Elegie

Feigenbaum, seit wie lange schon ists mir bedeutend,
wie du die Blüte beinah ganz überschlägst
und hinein in die zeitig entschlossene Frucht,
ungerühmt, drängst dein reines Geheimnis.
Wie der Fontäne Rohr treibt dein gebognes Gezweig
abwärts den Saft und hinan: und er springt aus dem Schlaf,
fast nicht erwachend, ins Glück seiner süßesten Leistung.
Sieh: wie der Gott in den Schwan.
...... Wir aber verweilen,
ach, uns rühmt es zu blühn, und ins verspätete Innre
unserer endlichen Frucht gehn wir verraten hinein.
Wenigen steigt so stark der Andrang des Handelns,
daß sie schon anstehn und glühn in der Fülle des Herzens,
wenn die Verführung zum Blühn wie gelinderte Nachtluft
ihnen die Jugend des Munds, ihnen die Lider berührt:
Helden vielleicht und den frühe Hinüberbestimmten,
denen der gärtnernde Tod anders die Adern verbiegt.
Diese stürzen dahin: dem eigenen Lächeln
sind sie voran, wie das Rossegespann in den milden
muldigen Bildern von Karnak dem siegenden König.

Wunderlich nah ist der Held doch den jugendlich Toten. Dauern
ficht ihn nicht an. Sein Aufgang ist Dasein; beständig
nimmt er sich fort und tritt ins veränderte Sternbild

seiner steten Gefahr. Dort fänden ihn wenige. Aber,
das uns finster verschweigt, das plötzlich begeisterte Schicksal
singt ihn hinein in den Sturm seiner aufrauschenden Welt.
Hör ich doch keinen wie ihn. Auf einmal durchgeht mich
mit der strömenden Luft sein verdunkelter Ton.

Dann, wie verbärg ich mich gern vor der Sehnsucht: O wär ich,
wär ich ein Knabe und dürft es noch werden und säße
in die künftigen Arme gestützt und läse von Simson,
wie seine Mutter erst nichts und dann alles gebar.

War er nicht Held schon in dir, o Mutter, begann nicht
dort schon, in dir, seine herrische Auswahl?
Tausende brauten im Schooß und wollten er sein,
aber sieh: er ergriff und ließ aus, wählte und konnte.
Und wenn er Säulen zerstieß, so wars, da er ausbrach
aus der Welt deines Leibs in die engere Welt, wo er weiter
wählte und konnte. O Mütter der Helden,
o Ursprung reißender Ströme! Ihr Schluchten, in die sich
hoch von dem Herzrand, klagend,
schon die Mädchen gestürzt, künftig die Opfer dem Sohn.
Denn hinstürmte der Held durch Aufenthalte der Liebe,
jeder hob ihn hinaus, jeder ihn meinende Herzschlag,
abgewendet schon, stand er am Ende der Lächeln, anders.

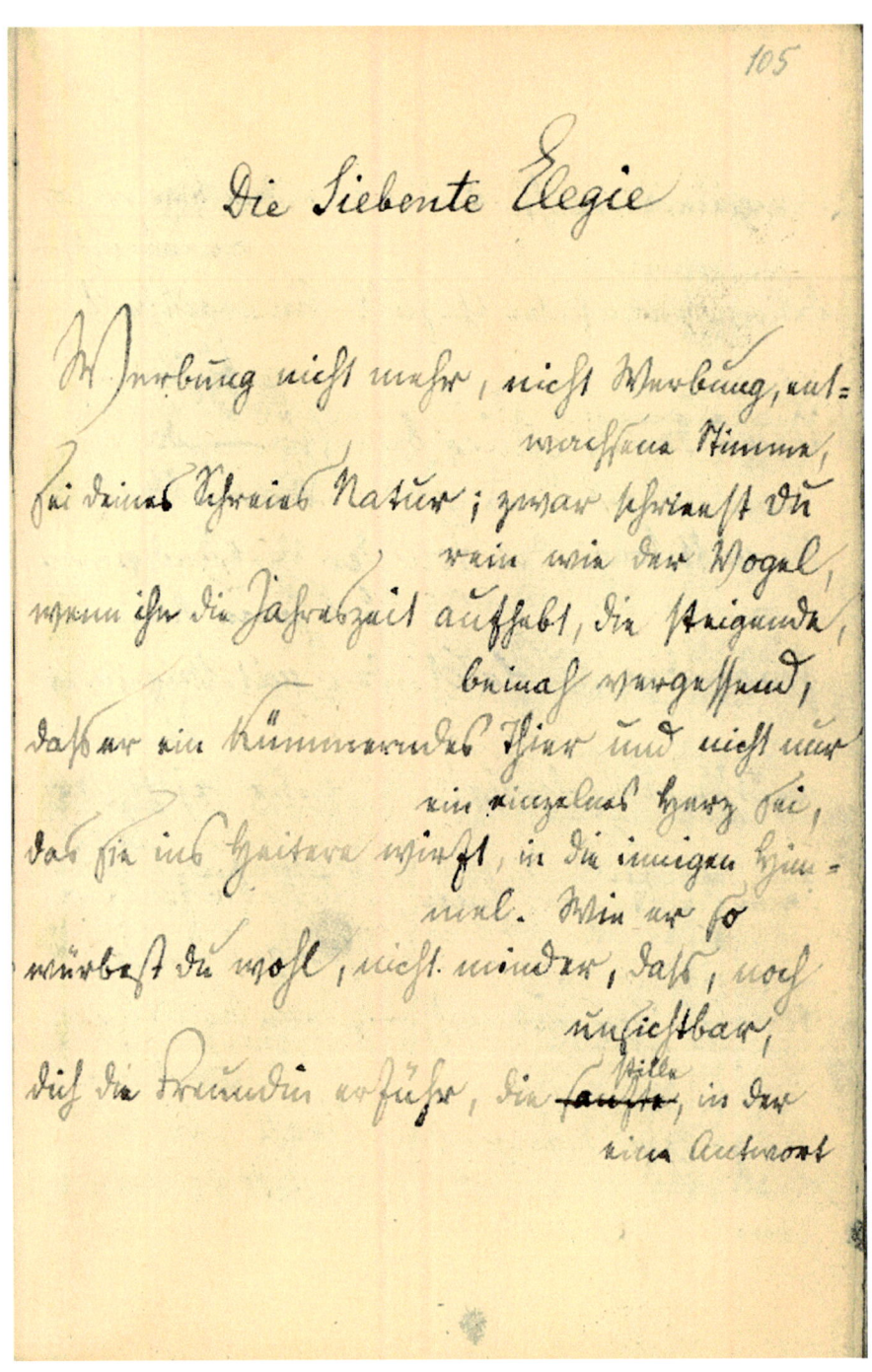

Die siebente Elegie: Château de Muzot, 7. Februar 1922. Endgültige Fassung des Schlusses: 26. Februar 1922

Die siebente Elegie

Werbung nicht mehr, nicht Werbung, entwachsene Stimme,
sei deines Schreies Natur; zwar schrieest du rein wie der Vogel,
wenn ihn die Jahreszeit aufhebt, die steigende, beinah vergessend,
daß er ein kümmerndes Tier und nicht nur ein einzelnes Herz sei,
das sie ins Heitere wirft, in die innigen Himmel. Wie er, so
würbest du wohl, nicht minder –, daß, noch unsichtbar,
dich die Freundin erführ, die stille, in der eine Antwort
langsam erwacht und über dem Hören sich anwärmt, –
deinem erkühnten Gefühl die erglühte Gefühlin.
O und der Frühling begriffe –, da ist keine Stelle,
die nicht trüge den Ton [der] Verkündigung. Erst jenen kleinen
fragenden Auflaut, den mit steigernder Stille
weithin umschweigt ein reiner, bejahender Tag.
Dann die Stufen hinan, Ruf-Stufen hinan zum geträumten
Tempel der Zukunft –; dann den Triller, Fontäne,
die zu dem drängenden Strahl schon das Fallen zuvornimmt
im versprechlichen Spiel … Und vor sich, den Sommer.
Nicht nur die Morgen alle des Sommers –, nicht nur
wie sie sich wandeln in Tag und strahlen vor Anfang.
Nicht nur die Tage, die zart sind um Blumen, und oben,
um die gestalteten Bäume, stark und gewaltig.
Nicht nur die Andacht dieser entfalteten Kräfte,
nicht nur die Wege, nicht nur die Wiesen im Abend,
nicht nur, nach spätem Gewitter, das atmende Klarsein,
nicht nur der nahende Schlaf und ein Ahnen, abends …

sondern die Nächte! Sondern die hohen, des Sommers,
Nächte, sondern die Sterne, die Sterne der Erde.
O einst tot sein und sie wissen unendlich,
alle die Sterne: denn wie, wie, wie sie vergessen!

Siehe, da rief ich die Liebende. Aber nicht sie nur
käme … Es kämen aus schwächlichen Gräbern
Mädchen und ständen … Denn, wie beschränk ich,
wie, den gerufenen Ruf? Die Versunkenen suchen
immer noch Erde. – Ihr Kinder, ein hiesig
einmal ergriffenes Ding gälte für viele.
Glaubt nicht, Schicksal sei mehr als das Dichte der Kindheit;
wie überholtet ihr oft den Geliebten, atmend,
atmend nach seligem Lauf, auf nichts zu, ins Freie.
Hiersein ist herrlich. Ihr wußtet es, Mädchen, ihr auch,
die ihr scheinbar entbehrtet, versankt –, ihr, in den ärgsten
Gassen der Städte, Schwärende, oder dem Abfall
offene. Denn eine Stunde war jeder, vielleicht nicht
ganz eine Stunde, ein mit den Maßen der Zeit kaum
Meßliches zwischen zwei Weilen, da sie ein Dasein
hatte. Alles. Die Adern voll Dasein.
Nur, wir vergessen so leicht, was der lachende Nachbar
uns nicht bestätigt oder beneidet. Sichtbar
wollen wirs heben, wo doch das sichtbarste Glück uns
erst zu erkennen sich gibt, wenn wir es innen verwandeln.
Nirgends, Geliebte, wird Welt sein, als innen. Unser
Leben geht hin mit Verwandlung. Und immer geringer
schwindet das Außen. Wo einmal ein dauerndes Haus war,
schlägt sich erdachtes Gebild vor, quer, zu Erdenklichem
völlig gehörig, als ständ es noch ganz im Gehirne.
Weite Speicher der Kraft schafft sich der Zeitgeist, gestaltlos
wie der spannende Drang, den er aus allem gewinnt.
Tempel kennt er nicht mehr. Diese, des Herzens, Verschwendung

sparen wir heimlicher ein. Ja, wo noch eins übersteht,
ein einst gebetetes Ding, ein gedientes, geknietes –,
hält es sich, so wie es ist, schon ins Unsichtbare hin.
Viele gewahrens nicht mehr, doch ohne den Vorteil,
daß sie's nun i n n e r l i c h baun, mit Pfeilern und Statuen, größer!

Jede dumpfe Umkehr der Welt hat solche Enterbte,
denen das Frühere nicht und noch nicht das Nächste gehört.
Denn auch das Nächste ist weit für die Menschen. Uns soll
dies nicht verwirren; es stärke in uns die Bewahrung
der noch erkannten Gestalt. Dies s t a n d einmal unter Menschen,
mitten im Schicksal stands, im vernichtenden, mitten
im Nichtwissen-Wohin stand es, wie seiend, und bog
Sterne zu sich aus gesicherten Himmeln. Engel,
dir noch zeig ich es, d a ! in deinem Anschaun
steh es gerettet zuletzt, nun endlich aufrecht.
Säulen, Pylone, der Sphinx, das strebende Stemmen,
grau aus vergehender Stadt oder aus fremder, des Doms.
War es nicht Wunder? O staune, Engel, denn wir sinds,
wir, o du Großer, erzähls, daß wir solches vermochten, mein Atem
reicht für die Rühmung nicht aus. So haben wir dennoch
nicht die Räume versäumt, diese gewährenden, diese,
u n s e r e Räume. (Was müssen sie fürchterlich groß sein,
da sie Jahrtausende nicht unseres Fühlns überfülln.)
Aber ein Turm war groß, nicht wahr? O Engel, er war es, –
groß, auch noch neben dir? Chartres war groß – und Musik
reichte noch weiter hinan und überstieg uns. Doch selbst nur
eine Liebende, o, allein am nächtlichen Fenster …
reichte sie dir nicht ans Knie –?

              Glaub n i c h t , daß ich werbe.
Engel, und würb ich dich auch! Du kommst nicht. Denn mein
Anruf ist immer voll Hinweg; wider so starke
Strömung kannst du nicht schreiten. Wie ein gestreckter

Arm ist mein Rufen. Und seine zum Greifen
oben offene Hand bleibt vor dir
offen, wie Abwehr und Warnung,
Unfaßlicher, weit auf.

Die Achte Elegie

Mit allen Augen sieht die Kreatur
das Offene. Nur unsre Augen sind
wie umgekehrt und ganz um sie gestellt
als Fallen, rings um ihren freien Ausgang.
Was draußen ist, wir wissens aus des Tiers
Antlitz allein; denn schon das frühe Kind
wenden wir um und zwingens, daß es rückwärts
Gestaltung sehe, nicht das Offne, das
im Tiergesicht so tief ist. Frei von Tod.
Ihn sehen wir allein; das freie Tier
hat seinen Untergang stets hinter sich
und vor sich Gott, und wenn es geht, so gehts
in Ewigkeit, so wie die Brunnen gehen.

Die achte Elegie: Château de Muzot, 7. und 8. Februar 1922

Die achte Elegie

Rudolf Kassner zugeeignet

Mit allen Augen sieht die Kreatur
das Offene. Nur unsre Augen sind
wie umgekehrt und ganz um sie gestellt
als Fallen, rings um ihren freien Ausgang.
Was draußen ist, wir wissens aus des Tiers
Antlitz allein; denn schon das frühe Kind
wenden wir um und zwingens, daß es rückwärts
Gestaltung sehe, nicht das Offne, das
im Tiergesicht so tief ist. Frei von Tod.
Ihn sehen wir allein; das freie Tier
hat seinen Untergang stets hinter sich
und vor sich Gott, und wenn es geht, so gehts
in Ewigkeit, so wie die Brunnen gehen.
Wir haben nie, nicht einen einzigen Tag,
den reinen Raum vor uns, in den die Blumen
unendlich aufgehn. Immer ist es Welt
und niemals Nirgends ohne Nicht:
das Reine, Unüberwachte, das man atmet und
unendlich weiß und nicht begehrt. Als Kind
verliert sich eins im stilln an dies und wird
gerüttelt. Oder jener stirbt und ists.
Denn nah am Tod sieht man den Tod nicht mehr
und starrt hinaus, vielleicht mit großem Tierblick.
Liebende, wäre nicht der andre, der
die Sicht verstellt, sind nah daran und staunen …

Wie aus Versehn ist ihnen aufgetan
hinter dem andern ... Aber über ihn
kommt keiner fort, und wieder wird ihm Welt.
Der Schöpfung immer zugewendet, sehn
wir nur auf ihr die Spiegelung des Frei'n,
von uns verdunkelt. Oder daß ein Tier,
ein stummes, aufschaut, ruhig durch uns durch.
Dieses heißt Schicksal: gegenüber sein
und nichts als das und immer gegenüber.

Wäre Bewußtheit unsrer Art in dem
sicheren Tier, das uns entgegenzieht
in anderer Richtung –, riß es uns herum
mit seinem Wandel. Doch sein Sein ist ihm
unendlich, ungefaßt und ohne Blick
auf seinen Zustand, rein, so wie sein Ausblick.
Und wo wir Zukunft sehn, dort sieht es alles
und sich in allem und geheilt für immer.
Und doch ist in dem wachsam warmen Tier
Gewicht und Sorge einer großen Schwermut.
Denn ihm auch haftet immer an, was uns
oft überwältigt, – die Erinnerung,
als sei schon einmal das, wonach man drängt,
näher gewesen, treuer und sein Anschluß
unendlich zärtlich. Hier ist alles Abstand,
und dort wars Atem. Nach der ersten Heimat
ist ihm die zweite zwitterig und windig.
O Seligkeit der k l e i n e n Kreatur,
die immer b l e i b t im Schooße, der sie austrug;
o Glück der Mücke, die noch i n n e n hüpft,
selbst wenn sie Hochzeit hat: denn Schooß ist alles.
Und sieh die halbe Sicherheit des Vogels,
der beinah beides weiß aus seinem Ursprung,

als wär er eine Seele der Etrusker,
aus einem Toten, den ein Raum empfing,
doch mit der ruhenden Figur als Deckel.
Und wie bestürzt ist eins, das fliegen muß
und stammt aus einem Schooß. Wie vor sich selbst
erschreckt, durchzuckts die Luft, wie wenn ein Sprung
durch eine Tasse geht. So reißt die Spur
der Fledermaus durchs Porzellan des Abends.
Und wir: Zuschauer, immer, überall,
dem allen zugewandt und nie hinaus!
Uns überfüllts. Wir ordnens. Es zerfällt.
Wir ordnens wieder und zerfallen selbst.
Wer hat uns also umgedreht, daß wir,
was wir auch tun, in jener Haltung sind
von einem, welcher fortgeht? Wie er auf
dem letzten Hügel, der ihm ganz sein Tal
noch einmal zeigt, sich wendet, anhält, weilt –,
so leben wir und nehmen immer Abschied.

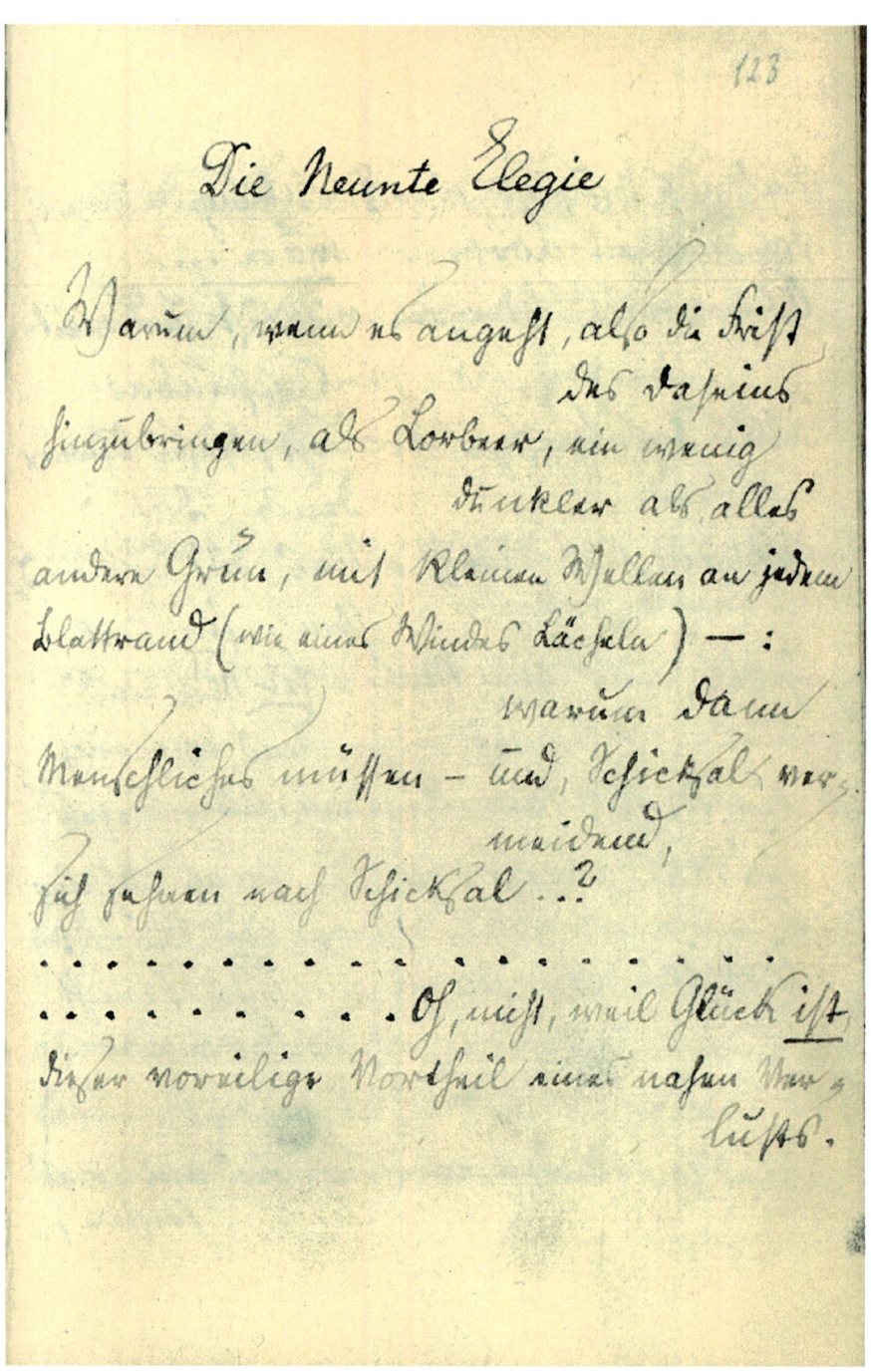

Die neunte Elegie: Vers 1–6 und 77–79: März 1912, Duino; vollendet am 9. Februar 1922, Château de Muzot

Die neunte Elegie

Warum, wenn es angeht, also die Frist des Daseins
hinzubringen, als Lorbeer, ein wenig dunkler als alles
andere Grün, mit kleinen Wellen an jedem
Blattrand (wie eines Windes Lächeln) –: warum dann
Menschliches müssen – und, Schicksal vermeidend,
sich sehnen nach Schicksal? …

        O, nicht, weil Glück i s t ,
dieser voreilige Vorteil eines nahen Verlusts.
Nicht aus Neugier, oder zur Übung des Herzens,
das auch im Lorbeer wäre .....
Aber weil Hiersein viel ist, und weil uns scheinbar
alles das Hiesige braucht, dieses Schwindende, das
seltsam uns angeht. Uns, die Schwindendsten. E i n mal
jedes, nur e i n mal. E i n mal und nicht mehr. Und wir auch
e i n mal. Nie wieder. Aber dieses
e i n mal gewesen zu sein, wenn auch nur e i n mal:
irdisch gewesen zu sein, scheint nicht widerrufbar.

Und so drängen wir uns und wollen es leisten,
wollens enthalten in unsern einfachen Händen,
im überfüllteren Blick und im sprachlosen Herzen.
Wollen es werden. Wem es geben? Am liebsten
alles behalten für immer … Ach, in den andern Bezug,
wehe, was nimmt man hinüber? Nicht das Anschaun, das hier

langsam erlernte, und kein hier Ereignetes. Keins.
Also die Schmerzen. Also vor allem das Schwersein,
also der Liebe lange Erfahrung, – also
lauter Unsägliches. Aber später,
unter den Sternen, was solls: d i e sind b e s s e r unsäglich.
Bringt doch der Wanderer auch vom Hange des Bergrands
nicht eine Hand voll Erde ins Tal, die allen unsägliche, sondern
ein erworbenes Wort, reines, den gelben und blaun
Enzian. Sind wir vielleicht h i e r, um zu sagen: Haus,
Brücke, Brunnen, Tor, Krug, Obstbaum, Fenster, –
höchstens: Säule, Turm … aber zu s a g e n, verstehs,
o zu sagen s o, wie selber die Dinge niemals
innig meinten zu sein. Ist nicht die heimliche List
dieser verschwiegenen Erde, wenn sie die Liebenden drängt,
daß sich in ihrem Gefühl jedes und jedes entzückt?
Schwelle: was ists für zwei
Liebende, daß sie die eigne ältere Schwelle der Tür
ein wenig verbrauchen, auch sie, nach den vielen vorher
und vor den künftigen … , leicht.
H i e r ist des S ä g l i c h e n Zeit, h i e r seine Heimat.
Sprich und bekenn. Mehr als je
fallen die Dinge dahin, die erlebbaren, denn,
was sie verdrängend ersetzt, ist ein Tun ohne Bild.
Tun unter Krusten, die willig zerspringen, sobald
innen das Handeln entwächst und sich anders begrenzt.
Zwischen den Hämmern besteht
unser Herz, wie die Zunge
zwischen den Zähnen, die doch,
dennoch die preisende bleibt.

Preise dem Engel die Welt, nicht die unsägliche, ihm
kannst du nicht großtun mit herrlich Erfühltem; im Weltall,
wo er fühlender fühlt, bist du ein Neuling, drum zeig

ihm das Einfache, das, von Geschlecht zu Geschlechtern gestaltet,
als ein Unsriges lebt neben der Hand und im Blick.
Sag ihm die Dinge. Er wird staunender stehn; wie du standest
bei dem Seiler in Rom, oder beim Töpfer am Nil.
Zeig ihm, wie glücklich ein Ding sein kann, wie schuldlos und unser,
wie selbst das klagende Leid rein zur Gestalt sich entschließt,
dient als ein Ding, oder stirbt in ein Ding –, und jenseits
selig der Geige entgeht. Und diese, von Hingang
lebenden Dinge verstehn, daß du sie rühmst; vergänglich,
traun sie ein Rettendes uns, den Vergänglichsten, zu.
Wollen, wir sollen sie ganz im unsichtbarn Herzen verwandeln
in – o unendlich – in uns! wer wir am Ende auch seien.

Erde, ist es nicht dies, was du willst: unsichtbar
in uns erstehn? – Ist es dein Traum nicht,
einmal unsichtbar zu sein? – Erde! unsichtbar!
Was, wenn Verwandlung nicht, ist dein drängender Auftrag?
Erde, du liebe, ich will. O glaub, es bedürfte
nicht deiner Frühlinge mehr, mich dir zu gewinnen, einer,
ach, ein einziger ist schon dem Blute zu viel.
Namenlos bin ich zu dir entschlossen, von weit her.
Immer warst du im Recht, und dein heiliger Einfall
ist der vertrauliche Tod.
Siehe, ich lebe. Woraus? Weder Kindheit noch Zukunft
werden weniger ..... Überzähliges Dasein
entspringt mir im Herzen.

Die zehnte (letzte) Elegie

Daß ich dereinst, an dem Ausgang der
grimmigen Einsicht,
Jubel und Ruhm aufsinge zustimmenden
Engeln.
Daß von den klar geschlagenen Hämmern
des Herzens
keiner versage an weichen, zweifelnden
oder
reißenden Saiten. Daß mich mein strömendes Antlitz
glänzender mache; daß das unscheinbare
Weinen
blühe. O wie werdet ihr dann, Nächte,
mir lieb sein,

Die zehnte Elegie: Vers 1–15: Duino, Anfang 1912; erweitert, aber nicht vollendet im Spätherbst 1913, Paris. Erste Fassung des Ganzen, fragmentarisch: Paris, Ende 1913; im Februar 1922 verworfen und am 11. Februar 1922 durch die – ab Vers 16 völlig neue – endgültige Fassung ersetzt.

Die zehnte Elegie

Daß ich dereinst, an dem Ausgang der grimmigen Einsicht,
Jubel und Ruhm aufsinge zustimmenden Engeln.
Daß von den klargeschlagenen Hämmern des Herzens
keiner versage an weichen, zweifelnden oder
reißenden Saiten. Daß mich mein strömendes Antlitz
glänzender mache: daß das unscheinbare Weinen
blühe. O wie werdet ihr dann, Nächte, mir lieb sein,
gehärmte. Daß ich euch knieender nicht, untröstliche Schwestern,
hinnahm, nicht in euer gelöstes
Haar mich gelöster ergab. Wir, Vergeuder der Schmerzen.
Wie wir sie absehn voraus, in die traurige Dauer,
ob sie nicht enden vielleicht. Sie aber sind ja
unser winterwähriges Laub, unser dunkeles Sinngrün,
e i n e der Zeiten des heimlichen Jahres –, nicht nur
Zeit –, sind Stelle, Siedelung, Lager, Boden, Wohnort.

Freilich, wehe, wie fremd sind die Gassen der Leid-Stadt,
wo in der falschen, aus Übertönung gemachten
Stille, stark, aus der Gußform des Leeren der Ausguß,
prahlt der vergoldete Lärm, das platzende Denkmal.
O, wie spurlos zerträte ein Engel ihnen den Trostmarkt,
den die Kirche begrenzt, ihre fertig gekaufte:
reinlich und zu und enttäuscht wie ein Postamt am Sonntag.
Draußen aber kräuseln sich immer die Ränder von Jahrmarkt.

Schaukeln der Freiheit! Taucher und Gaukler des Eifers!
Und des behübschten Glücks figürliche Schießstatt,
wo es zappelt von Ziel und sich blechern benimmt,
wenn ein Geschickterer trifft. Von Beifall zu Zufall
taumelt er weiter; denn Buden jeglicher Neugier
werben, trommeln und plärrn. Für Erwachsene aber
ist noch besonders zu sehn, wie das Geld sich vermehrt, anatomisch,
nicht zur Belustigung nur: der Geschlechtsteil des Gelds,
alles, das Ganze, der Vorgang –, das unterrichtet und macht
fruchtbar ....

... O aber gleich darüber hinaus,
hinter der letzten Planke, beklebt mit Plakaten des »Todlos«,
jenes bitteren Biers, das den Trinkenden süß scheint,
wenn sie immer dazu frische Zerstreuungen kaun ... ,
gleich im Rücken der Planke, gleich dahinter, ists wirklich.
Kinder spielen, und Liebende halten einander abseits,
ernst, im ärmlichen Gras, und Hunde haben Natur.
Weiter noch zieht es den Jüngling; vielleicht, daß er eine junge
Klage liebt ... Hinter ihr her kommt er in Wiesen. Sie sagt:
Weit. Wir wohnen dort draußen ......

                                  Wo? Und der Jüngling
folgt. Ihn rührt ihre Haltung. Die Schulter, der Hals –, vielleicht
ist sie von herrlicher Herkunft. Aber er läßt sie, kehrt um,
wendet sich, winkt ... Was solls? Sie ist eine Klage.

Nur die jungen Toten, im ersten Zustand
zeitlosen Gleichmuts, dem der Entwöhnung,
folgen ihr liebend. Mädchen
wartet sie ab und befreundet sie. Zeigt ihnen leise,
was sie an sich hat. Perlen des Leids und die feinen
Schleier der Duldung. – Mit Jünglingen geht sie
schweigend.

Aber dort, wo sie wohnen, im Tal, der älteren eine der Klagen
nimmt sich des Jünglings an, wenn er fragt: – Wir waren,
sagt sie, ein großes Geschlecht, einmal, wir Klagen. Die Väter
trieben den Bergbau dort in dem großen Gebirg; bei Menschen
findest du manchmal ein Stück geschliffenes Urleid
oder, aus altem Vulkan, schlackig versteinerten Zorn.
Ja, das stammte von dort. Einst waren wir reich. –

Und sie leitet ihn leicht durch die weite Landschaft der Klagen,
zeigt ihm die Säulen der Tempel oder die Trümmer
jener Burgen, von wo Klage-Fürsten das Land
einstens weise beherrscht. Zeigt ihm die hohen
Tränenbäume und Felder blühender Wehmut,
(Lebendige kennen sie nur als sanftes Blattwerk);
zeigt ihm die Tiere der Trauer, weidend, – und manchmal
schreckt ein Vogel und zieht, flach ihnen fliegend durchs Aufschaun,
weithin das schriftliche Bild seines vereinsamten Schreis. –
Abends führt sie ihn hin zu den Gräbern der Alten
aus dem Klage-Geschlecht, den Sibyllen und Warn-Herrn.
Naht aber Nacht, so wandeln sie leiser, und bald
mondet empor, das über alles
wachende Grab-Mal. Brüderlich jenem am Nil,
der erhabene Sphinx –: der verschwiegenen Kammer
Antlitz.
Und sie staunen dem krönlichen Haupt, das für immer,
schweigend, der Menschen Gesicht
auf die Wage [Waage] der Sterne gelegt.

Nicht erfaßt es sein Blick, im Frühtod
schwindelnd. Aber ihr Schaun,
hinter dem Pschent-Rand hervor, scheucht es die Eule. Und sie,
streifend im langsamen Abstrich die Wange entlang,

jene der reifesten Rundung,
zeichnet weich in das neue
Totengehör, über ein doppelt
aufgeschlagenes Blatt, den unbeschreiblichen Umriß.

Und höher, die Sterne. Neue. Die Sterne des Leidlands.
Langsam nennt sie die Klage: »Hier,
siehe: den ›Reiter‹, den ›Stab‹, und das vollere Sternbild
nennen sie: ›Fruchtkranz‹. Dann, weiter, dem Pol zu:
›Wiege‹, ›Weg‹, ›das brennende Buch‹, ›Puppe‹, ›Fenster‹.
Aber im südlichen Himmel, rein wie im Innern
einer gesegneten Hand, das klar erglänzende ›M‹,
das die Mütter bedeutet .....«

Doch der Tote muß fort, und schweigend bringt ihn die ältere
Klage bis an die Talschlucht,
wo es schimmert im Mondschein:
die Quelle der Freude. In Ehrfurcht
nennt sie sie, sagt: »Bei den Menschen
ist sie ein tragender Strom.«

Stehn am Fuß des Gebirgs.
Und da umarmt sie ihn, weinend.
Einsam steigt er dahin, in die Berge des Urleids.
Und nicht einmal sein Schritt klingt aus dem tonlosen Los.

Aber erweckten sie uns, die unendlich Toten, ein Gleichnis,
siehe, sie zeigten vielleicht auf die Kätzchen der leeren
Hasel, die hängenden, oder
meinten den Regen, der fällt auf dunkles Erdreich im Frühjahr. –

Und wir, die an s t e i g e n d e s Glück
denken; empfänden die Rührung,
die uns beinah bestürzt,
wenn ein Glückliches f ä l l t.

Anhang

Zeittafel

1875 4. Dezember: Rainer (René) Maria Rilke wird als zweites Kind von Sophia und Josef Rilke in Prag geboren. Rilkes Schwester war bereits vor Rilkes Geburt verstorben. Rilkes Mutter, aus einer wohlhabenden Bürgerfamilie stammend, kleidet den Knaben bis zum 5. Lebensjahr wie ein Mädchen.

1882–1884: Besuch der Volksschule der Piaristen in Prag.

1886–1890: Militär-Unterrealschule in St. Pölten. Erste Gedichte entstehen.

1890: Wechsel an die Militär-Oberrealschule nach Mährisch-Weißkirchen. Rilke erlebt die Kadettenerziehung als schreckliche Heimsuchung und sein Leben bestimmende Qual.

1891: Aus gesundheitlichen Gründen wechselt Rilke an die Handelsakademie in Linz.

1892–1894: Rückkehr nach Prag. Rilkes erster Gedichtband ›Leben und Lieder‹ erscheint noch vor seinem Abitur.

1895: Studium der Kunstgeschichte, Literaturgeschichte und Philosophie an der Prager Universität.

1896: Wechsel an die Rechts- und Staatswissenschaftliche Fakultät. Vielfältige literarische Tätigkeit. Wechsel an die Universität in München, wieder geisteswissenschaftliche Studien. Gedichtband ›Traumgekrönt‹ erscheint in Leipzig.

1897: Erste Venedigreise. Beginn der lebenslangen Freundschaft mit Lou Andreas-Salomé (1861–1937). Im Oktober Übersiedlung nach Berlin.

1898: Italienreise

1899 April bis Juni: Erste russische Reise mit Lou Andreas-Salomé und ihrem Mann. Begegnung mit Leo Tolstoi. Gedichtband ›Mir zur Feier‹ erscheint in Berlin.

1900 Mai bis August: Zweite russische Reise mit Lou Andreas-Salomé. ›Die weiße Fürstin‹ erscheint. Rilke lernt in Worpswede Paula Modersohn-Becker und Clara Westhoff (1878–1954) kennen.

1901: Am 28. April heiraten Rilke und Clara Westhoff. 12. Dezember: Geburt von Tochter Ruth.

1902: Rilke schreibt die Monographie ›Worpswede‹. In Berlin erscheint ›Das Buch der Bilder‹.

1903: Monographie über ›Auguste Rodin‹. Aufenthalte in Viareggio und Rom.

1904: Beginn der Arbeit an: ›Die Aufzeichnungen des Malte Laurids Brigge‹.

1905 Januar bis Mai: Mit Clara und Ruth in Oberneuland bei Bremen. September: Paris, Sekretär von Rodin. Weihnachten in Worpswede. Das ›Stunden-Buch‹ erscheint im Insel-Verlag Leipzig.

1906 14. März: Tod des Vaters. Mai: Zerwürfnis mit Rodin. Reise nach Flandern. Prosalanggedicht ›Die Weise von Liebe und Tod des Cornets Christoph Rilke‹ erscheint. Dezember bis Mai 1907: Aufenthalt auf Capri.

1907: Die ›Neuen Gedichte‹ erscheinen.

1908: Aufenthalte in Rom, Capri, Neapel, Paris. Der ›Neuen Gedichte anderer Teil‹ erscheint.

1909: Ab Oktober Aufenthalt in Paris. 13. Dezember: Erste Begegnung mit Marie von Thurn und Taxis-Hohenlohe.

1910 20. bis 27. April: Erster Besuch in Duino. Mitte August: Besuch in Lautschin. November bis März 1911: Nordafrikareise. Rilkes einziger Roman ›Die Aufzeichnungen des Malte Laurids Brigge‹ erscheint.

1911 Juli bis August: Prag, Lautschin. Oktober bis Mai 1912: Duino. Der erste Teil der ›Duineser Elegien‹ und ›Das Marien-Leben‹ entstehen.

1912 Mai bis September: Venedig. Mitte

September bis Anfang Oktober: Duino. November bis Februar 1913: Reise durch Spanien (Toledo, Ronda).

1913: ›Das Marien-Leben‹ erscheint.

1914: 20. April bis 4. Mai: Letzter Besuch von Duino. In den Tagen nach Kriegsausbruch entstehen die ›Fünf Gesänge‹.

1915: Im November entsteht die vierte Duineser Elegie. Musterung und Einberufung.

1916 Januar bis Juni: Militärdienst im Wiener Kriegsarchiv.

1917: Ende Juli bis Anfang Oktober: Als Gast von Hertha Koenig auf Gut Böckel.

1919 Oktober bis November: Vortragsreise durch die Schweiz (Zürich, St. Gallen, Luzern, Basel, Bern, Winterthur). Bekanntschaft mit den Brüdern Reinhart. Dezember bis Februar 1920: Tessin.

1920: Reisen nach Venedig und Paris. November bis Mai 1921: Zu Gast auf Schloss Berg am Irchel.

1921: Werner Reinhart stellt Rilke das Château de Muzot zur Verfügung, wo er bis zu seinem Tod wohnen wird.

1922 Februar: Rilke vollendet die ›Duineser Elegien‹ und schreibt die ›Sonette an Orpheus‹.

1923 März: Die ›Sonette an Orpheus‹ werden veröffentlicht. Juni: Die ›Duineser Elegien‹ erscheinen in Leipzig. August bis September: Sanatorium bei Beckenried. Dezember bis Januar 1924: Sanatorium Val-Mont am Genfer See.

1924 Begegnung mit Paul Valéry. Autoreise durch die französische Schweiz. Dezember bis Januar 1925: Sanatorium Val-Mont.

1925 Januar bis August: Letzter Aufenthalt in Paris.

1926 Bis Mai: Sanatorium in Val-Mont. Im Sommer Rückkehr nach Muzot. 30. November: Erneute Einlieferung in Val-Mont. 29. Dezember: Rilke stirbt an Leukämie.

1927 2. Januar: Begräbnis in Raron im Wallis. Im Insel-Verlag Leipzig erscheint eine sechsbändige Werkausgabe.

1934: Tod von Marie von Thurn und Taxis.

Della Torre-Valsassina
(Duineser Linie)

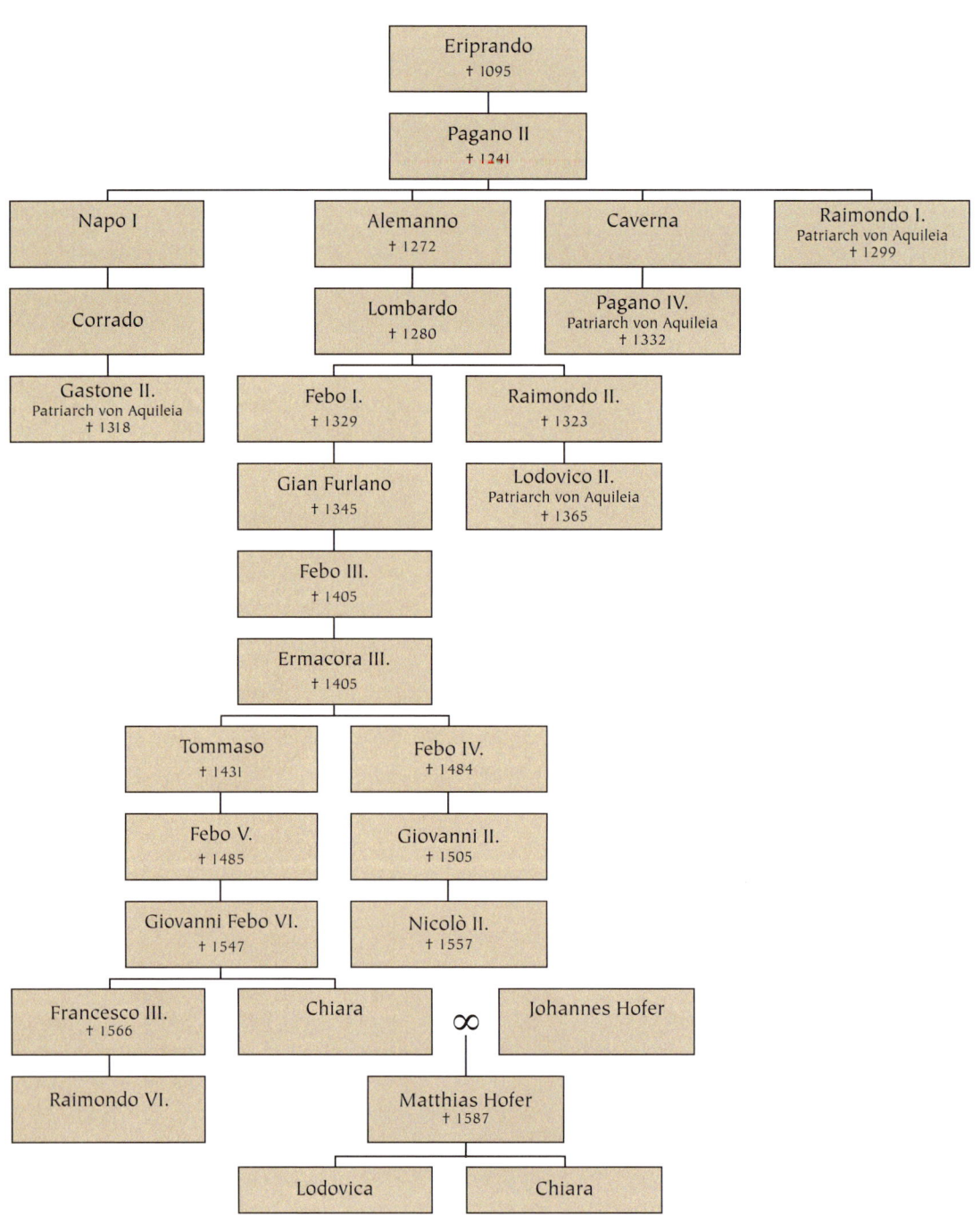

Eriprando
† 1095

Pagano II
† 1241

Napo I

Alemanno
† 1272

Caverna

Raimondo I.
Patriarch von Aquileia
† 1299

Corrado

Lombardo
† 1280

Pagano IV.
Patriarch von Aquileia
† 1332

Gastone II.
Patriarch von Aquileia
† 1318

Febo I.
† 1329

Raimondo II.
† 1323

Gian Furlano
† 1345

Lodovico II.
Patriarch von Aquileia
† 1365

Febo III.
† 1405

Ermacora III.
† 1405

Tommaso
† 1431

Febo IV.
† 1484

Febo V.
† 1485

Giovanni II.
† 1505

Giovanni Febo VI.
† 1547

Nicolò II.
† 1557

Francesco III.
† 1566

Chiara

∞

Johannes Hofer

Raimondo VI.

Matthias Hofer
† 1587

Lodovica

Chiara

Della Torre-Hofer-Valsassina

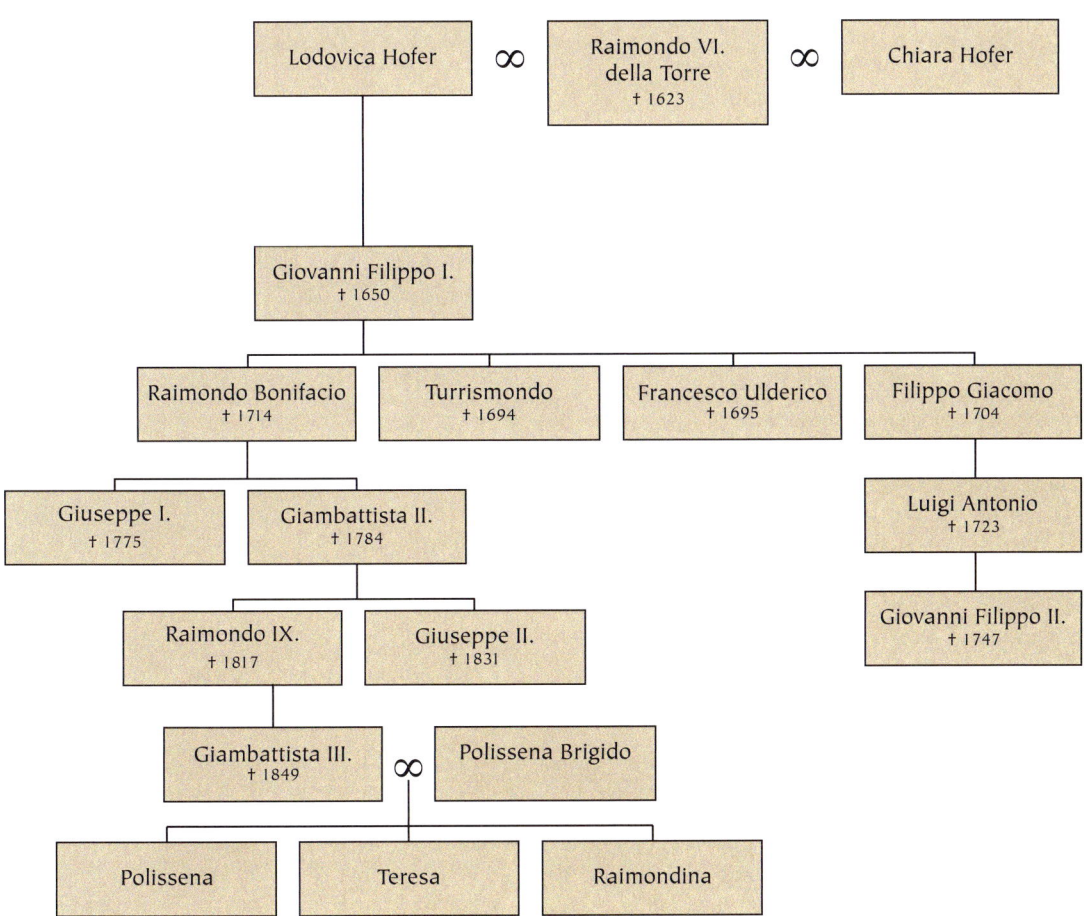

Hohenlohe-Waldenburg-Schillingsfürst

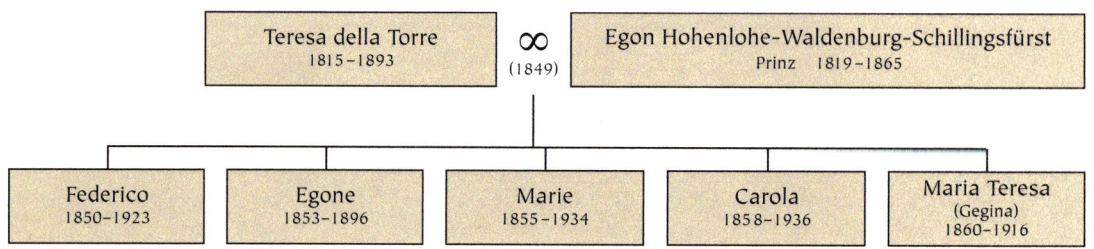

| Teresa della Torre 1815–1893 | ∞ (1849) | Egon Hohenlohe-Waldenburg-Schillingsfürst Prinz 1819–1865 |

| Federico 1850–1923 | Egone 1853–1896 | Marie 1855–1934 | Carola 1858–1936 | Maria Teresa (Gegina) 1860–1916 |

Thurn und Taxis (della Torre e Tasso)

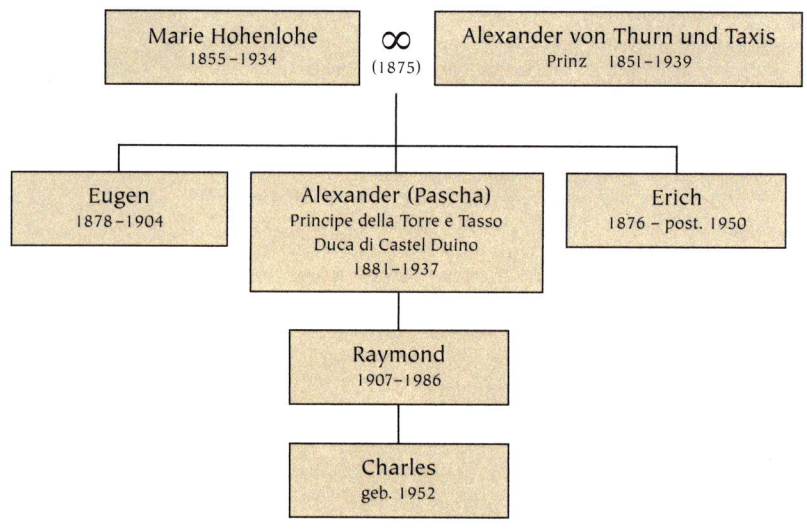

| Marie Hohenlohe 1855–1934 | ∞ (1875) | Alexander von Thurn und Taxis Prinz 1851–1939 |

| Eugen 1878–1904 | Alexander (Pascha) Principe della Torre e Tasso Duca di Castel Duino 1881–1937 | Erich 1876 – post. 1950 |

Raymond 1907–1986

Charles geb. 1952

Bibliographie

Rainer Maria Rilke: Duineser Elegien, Bibliothek der Erstausgaben. München 1997

Rainer Maria Rilke: Die Aufzeichnungen des Malte Laurids Brigge, Bibliothek der Erstausgaben. München 1997

Rainer Maria Rilke und Marie von Thurn und Taxis. Briefwechsel. Hrsg. von E. Zinn. 2 Bde. Zürich 1951

Rainer Maria Rilke und Lou Andreas Salomé. Briefwechsel. Hrsg. von E. Pfeiffer. Frankfurt/M. 1975

Marie von Thurn und Taxis-Hohenlohe: Jugenderinnerungen (1855–1875). Wien 1936

Marie von Thurn und Taxis-Hohenlohe: Erinnerungen an Rainer Maria Rilke. Frankfurt am Main 1994

Manfred Engel: Rainer Maria Rilkes ›Duineser Elegien‹ und die moderne deutsche Lyrik. Zwischen Jahrhundertwende und Avantgarde. Stuttgart 1986

Ulrich Fülleborn; Manfred Engel (Hrsg.): Materialien zu Rainer Maria Rilkes ›Duineser Elegien‹. 3 Bde. Frankfurt/M. 1980 und 1982

Wolfgang Leppmann: Rilke. Sein Leben, seine Welt, sein Werk. Vom Verf. überarbeitete Neuausgabe. Bern 1993

Stefan Schank: Rainer Maria Rilke. dtv-portrait. München 1998

Ingeborg Schnack: Rainer Maria Rilke. Chronik seines Lebens und seines Werkes. Frankfurt/M. 1990

Volker Reinhardt (Hrsg.): Die großen Familien Italiens. Stuttgart 1992

Ettore Campailla: Il Castello di Duino di Principi della Torre e Tasso. Trieste 1996

Ministero per i Beni e le Attività Culturali, Archivio di Stato di Trieste, Biblioteca Statale (Hrsg.): Dottore Serafico. La memoria di Rainer Maria Rilke e L'archivio del Castello di Duino. Trieste 1999 (Ausstellungskatalog)

Giulia Schiberna: A guide to the Castle – Bildführer des Schlosses Duino. Trieste 2003

Bildnachweis

Danksagung

Bücher zu konzipieren, zu schreiben und zu verlegen ist immer ein großes Abenteuer voller ungewisser Anfänge, schicksalhafter Fügungen, unverhoffter Rechercheerfolge, Schreibkrisen und Schreibhöhenflüge, Termindruck und vieler gemeinsamer Stunden mit all jenen, die am Zustandekommen eines solchen Projektes beteiligt sind – seien sie in der unten stehenden Liste nun namentlich erwähnt oder nicht.

An erster Stelle möchte ich dem Verleger Wolfgang Balk danken, der nicht nur aus der Laune eines Abends heraus die Idee zu diesem Buch hatte, sondern sich auch als Photograph zur Verfügung stellte. Für die Vorgeschichte danke ich auch Peter Klein, mit dem ich gemeinsam vor zwölf Jahren für das österreichische Radio in Duino gewesen war. Als Nächstes gilt mein Dank natürlich dem Hausherrn von Duino, Charles von Thurn und Taxis, der das Projekt mit viel Wohlwollen und Hilfe unterstützt hat. Mein allergrößter Dank geht allerdings an Diane Oehmichen, Prinzessin Bourbon-Parma. Als Urenkelin von Marie von Thurn und Taxis und Cousine von Charles della Torre e Tasso hat sie uns alle historischen Photographien ihres Familienarchivs unentgeltlich und großzügig zur Verfügung gestellt, ebenso ihr Insiderwissen über die Familie. Ohne ihren Beitrag wäre dieses Buch nicht zustande gekommen. Besonders bedankt sei auch ihr Sohn, Gaetano Oehmichen, der voller Umsicht alle historischen Details und vieles mehr überprüft und das Projekt von Anfang an mit Ideen und seinem umfangreichen Wissen begleitet hat. Bedanken möchte ich mich weiter bei Pierpaolo Dorsi vom Archivio di Stato di Trieste, in dem sich das Duineser Schloss- und Rilkearchiv befindet. Martina King gebührt ebenfalls großer Dank, sie hat all meine literarhistorischen Fragen stets mit Geduld beantwortet. Mit Katharina Festner, meiner Lektorin, war die Arbeit immer spannend, unterhaltend und fruchtbar, und die vielen Sitzungen mit Fritz P. Steinle, dem Herstellungsleiter, und Walter Lachenmann, dem Gestalter des Buches, haben nicht nur meine Kenntnisse über das Büchermachen um vieles bereichert. Allen diesen – und wie immer meiner verständigen Familie – gilt mein Dank für das Glück, dieses Buch gemacht haben zu dürfen.